초보자를 위한
여성복 제작 1

초보자를 위한 여성복 제작 1
스커트 · 팬츠

초판 발행 2024년 4월 18일

지은이 | 이정현 · 심연옥 · 김혜숙
펴낸이 | 김기호

펴낸곳 | 한가람서원
등록 | 제2-1863호
주소 | 서울특별시 중구 마른내로 72, 504호
전화 | 02-336-5695
팩스 | 02-336-5629
이메일 | bookmake@naver.com

ISBN 978-89-90356-59-8 13580

초보자도 쉽게 만드는

초보자를 위한
여성복 제작 1

스커트
Skirt
팬츠
Pants

이정현 · 심연옥 · 김혜숙 공저

한가람서원

☀️ 머리말

『초보자를 위한 여성복 제작 1』을 발간하게 된 목적은 제목 그대로 초보자가 보고 어렵지 않게 공부할 수 있도록 하기 위해서입니다.

인체와 치수에 대한 이해를 도울 수 있는 많은 그림이 첨부된 인체측정과 상세 과정이 들어간 기본원형 패턴과 활용, 순서와 방법을 보여주는 실물 제작까지 최대한 상세하게 보여주려고 노력하였습니다.

『초보자를 위한 여성복 제작 1』에서는 스커트와 팬츠에 대한 내용으로 기본 원형을 가지고 다양한 실루엣을 만들수 있는 방법과 봉제 과정을 다루었습니다.
기본 원형으로 다양한 아이템을 공부해 보고 실력향상에 도움이 되시기를 바랍니다.

저자 일동

CONTENTS

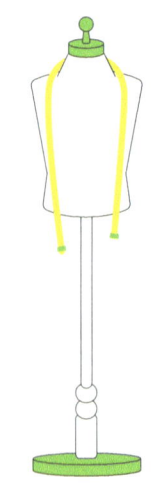

5장　팬츠

6장 옷감의 이해

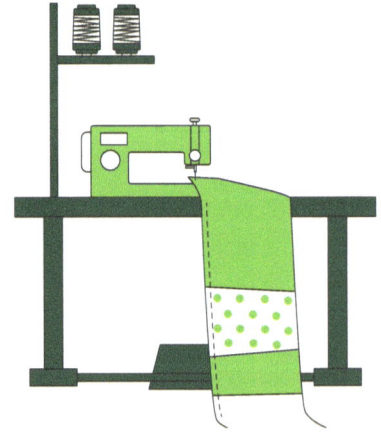

1. 인체 측정

보기 좋고 착용감이 편한 옷을 제작하려면 인체를 정확히 측정한 인체 치수가 필요하다. 의복은 인체 각 부위의 형태와 치수를 입체화한 것이므로, 의복 제작에 필요한 인체측정은 정확한 기준(기준점, 기준선)에 따라 표준화된 방법으로 측정되어야 한다.

1) 측정준비

① 정확한 기준점 및 기준선을 표시한다.

② 측정 자세는 척추와 무릎을 곧게 한 정상자세로 하여, 좌우 발꿈치는 붙이고 발끝은 30°정도 벌린 자세로 한다.

③ 착의상태는 겉옷에 용도에 따라 속옷을 갖추어 입는다.

[인체측정 기준점]

항 목	내 용
목뒤점 (back neck point)	뒤목점(제 7경추)
목앞점 (center neck point)	목둘레선의 앞 중앙 점(앞목점)
목옆점 (side neck point)	목밑둘레선과 어깨솔기선이 만나는 점(옆목점)
어깨끝점 (shoulder point)	옆에서 보아 팔의 제일 굵은 곳을 이등분한 수직선과 진동둘레선이 교차되는 점
앞품점 (anterior armpit point)	자를 겨드랑이에 끼워 앞겨드랑이 밑에 표시한 점과 어깨끝점과의 중간점
뒤품점 (posterior armpit point)	앞품점과 같은 방법으로 하여 뒤에 표시한 점
젖꼭지점 (bust point)	젖꼭지의 중앙점(유두점)

허리옆점 (lateral waist <natural indentation> – right)	허리옆점 <자연스럽게 들어간 자리> – 오른쪽과 왼쪽
허리앞점 (anterior waist<natural indentation>)	허리옆점 높이를 앞정중선 상에 표시한 것
허리뒤점 (posterior waist<natura indentation>)	허리옆점 높이를 뒤정중선 상에 표시한 것
엉덩돌출점 (buttock protrusion)	엉덩이 부위에서 가장 뒤쪽으로 돌출한 곳
팔꿈치점 (elbow point)	팔꿈치를 구부렸을 때 가장 돌출한 점
손목안쪽점 (wrist point)	손목에 위치해서 새끼 손가락 쪽에 있는 돌기점
무릎뼈가운데점 (midpatella)	무릎뼈의 위가와 아래가 사이의 가운데
바깥복사점 (malleolus fibula point)	복사뼈의 돌출한 중앙점

[인체측정 기준선]

항목	내용
목밑둘레선 (neck base line)	목뒤점, 목옆점, 목앞점을 연결하는 선을 목걸이를 둘러서 표시
가슴둘레선 (bust line)	젖꼭지점을 지나는 수평선
허리둘레선 (waist line)	허리의 자연스럽게 들어간 곳에 벨트를 둘러서 표시
엉덩이둘레선 (hip line)	엉덩이의 가장 굵은 곳을 지나는 수평선
어깨솔기선 (shoulder-seam line)	어깨끝점(S.P)과 목옆점(S.N.P)을 연결하는 선
앞중심선 (center front line)	목앞점에서 수직으로 내려오는 선
뒤중심선 (center back line)	목뒤점에서 수직으로 내려오는 선

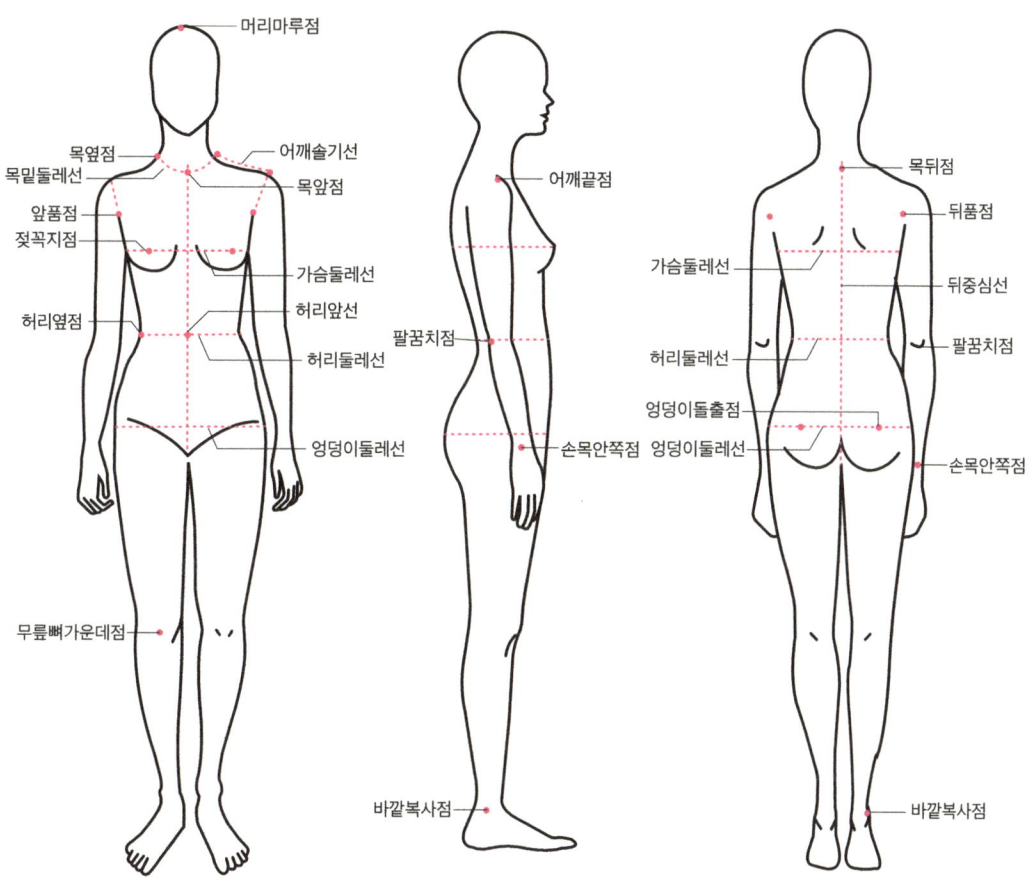

〈인체측정 기준점 및 기준선〉

2. 인체 측정방법

1) 기준점 표시

(1) 목뒤점

목을 앞으로 구부렸을 때 가장 뒤로 만져지는 경추점을 손으로 짚고 목을 바로 하고 +표시 또는 원형 스티커를 붙인다.

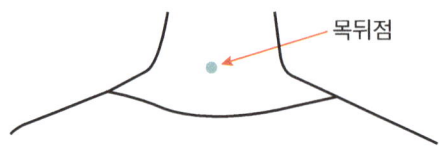

(2) 목앞점

목점표시용 목걸이를 목뒤점에서 목밑둘레를 따라 돌려 양쪽 쇄골 안쪽 위를 지나도록하고 세로선의 정중선상에 +표시 또는 원형 스티커를 붙인다.

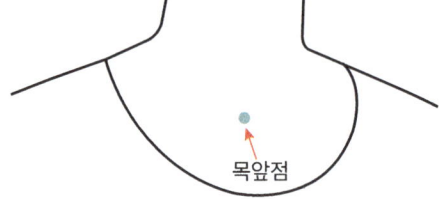

(3) 목옆점

목옆의 오른쪽과 왼쪽에서 목점표시용 목걸이 바깥선을 따라 약2cm 길이의 선을 긋고 목걸이를 제거한다.
오른쪽 어깨에서 목쪽으로 만지면서 등세모근의 앞쪽 가장자리를 찾는다.
근육의 앞쪽 가장자리가 목옆에 그어 놓은 선과 만나는 곳에 +표시 또는 원형스티커를 붙인다.

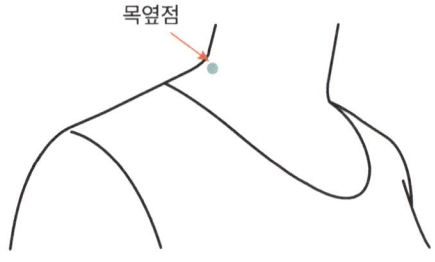

14

(4) 어깨끝점(어깨가쪽점)

위팔 폭을 이등분한 수직선과 진동둘레선이 만나는 점을 +표시 또는 원형 스티커로 표시한다.

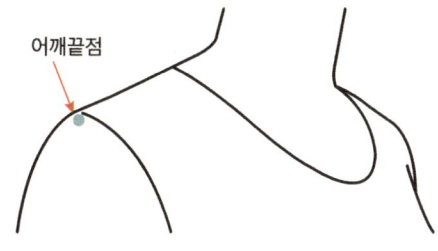

(5) 앞품점(겨드랑앞벽점)

어깨끝점과 겨드랑앞점 사이 거리의 중간 위치를 +표시 또는 원형 스티커로 표시한다.

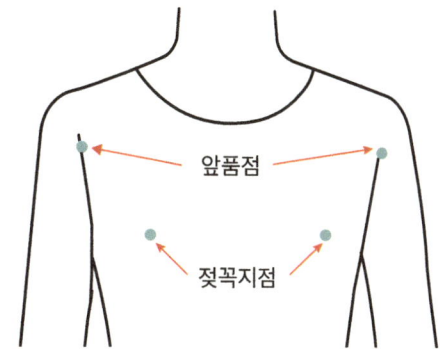

(6) 뒤품점(겨드랑뒤벽점)

어깨끝점과 겨드랑뒤점 사이 거리의 중간 위치를 +표시 또는 원형 스티커로 표시한다.

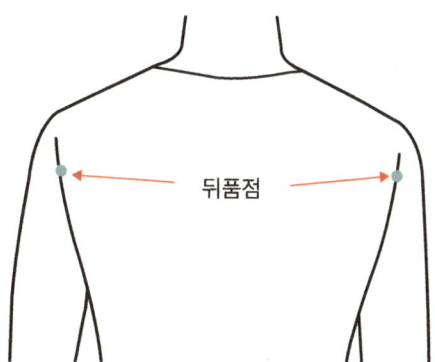

(7) 젖꼭지점

여성은 측정복을 착용한 상태에서 측정복 컵의 가장 앞쪽으로 돌출한 곳이며, 남성은 젖꼭지 위치를 원형 스티커로 표시한다.

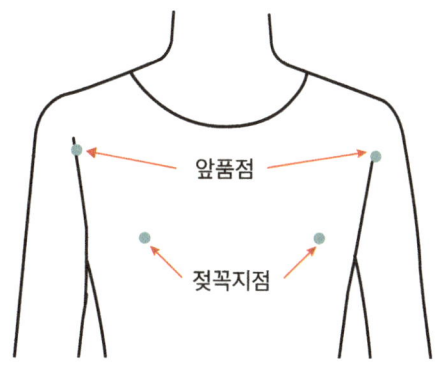

(8) 허리옆점

엉덩이에서 가장 돌출한 위치에서의 수직선과 넙다리의 앞쪽에서 가장 돌출한 위치에서의 수직선 사이 거리의 1/2 위치를 +표시 또는 원형 스티커로 표시한다.

(9) 허리앞점

허리옆점 높이를 앞 정중선상에 +표시 또는 원형 스티커로 표시한다.

(10) 허리뒤점

허리옆점 높이를 뒤 정중선상에 +표시 또는 원형 스티커로 표시한다.

(11) 엉덩이돌출점

엉덩이에서 가장 뒤쪽으로 돌출한 곳을 원형 스티커로 표시한다.

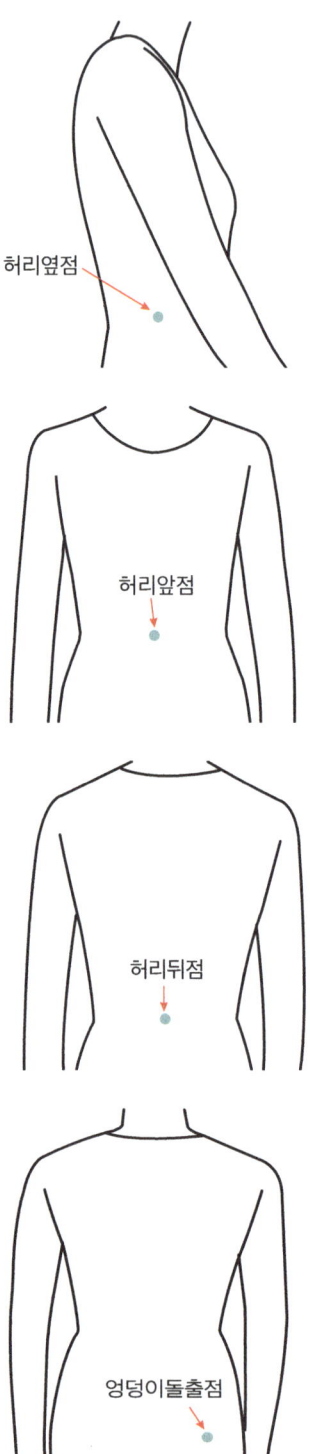

허리옆점

허리앞점

허리뒤점

엉덩이돌출점

(12) 팔꿈치점

팔꿈치를 구부렸을 때 가장 돌출한 점을 +표시 또는
원형 스티커로 표시한다.

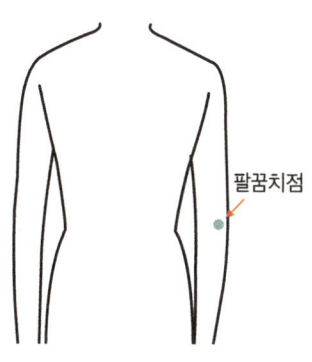

(13) 손목안쪽점

자뼈(새끼 손가락쪽에 있는 돌기점) 붓돌기 가장 아래
쪽을 +표시 또는 원형 스티커로 표시한다.

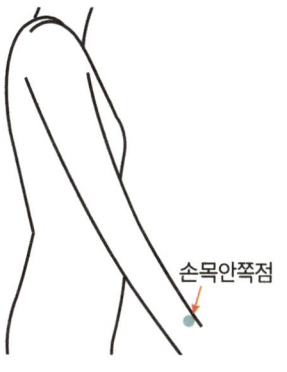

(14) 무릎가운데점

무릎뼈의 위가와 아래가 사이의 가운데를 +표시 또는
원형 스티커로 표시한다.

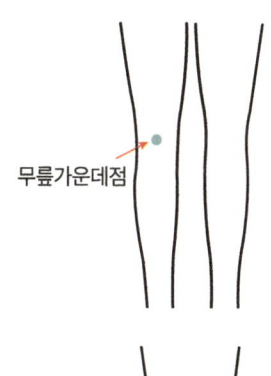

(15) 바깥복사점

복사뼈의 돌출한 중앙점을 +표시 또는 원형 스티커로
표시한다.

2) 인체치수 측정

(1) 키(height)

바닥에서 머리마루점까지의 수직거리를 측정한다.

(2)목밑둘레(neck base cir.)

피측정자 앞쪽에서 줄자를 세워 오른쪽 목옆점에서
시작해, 목뒤점, 왼쪽 목옆점, 목앞점을 지나는 둘레를
측정한다.

(3) 겨드랑밑 가슴둘레(chest cir.)

좌우 겨드랑이 밑을 지나는 가로방향의 최대둘레를
자연스러운 숨쉬기의 중간호흡일 때 측정한다. 일반
적으로 위가슴둘레라고 한다.

(4) 가슴둘레(bust cir.)

자연스러운 숨쉬기의 중간호흡일 때 줄자로 젖꼭지점
을 지나는 둘레를 측정한다.

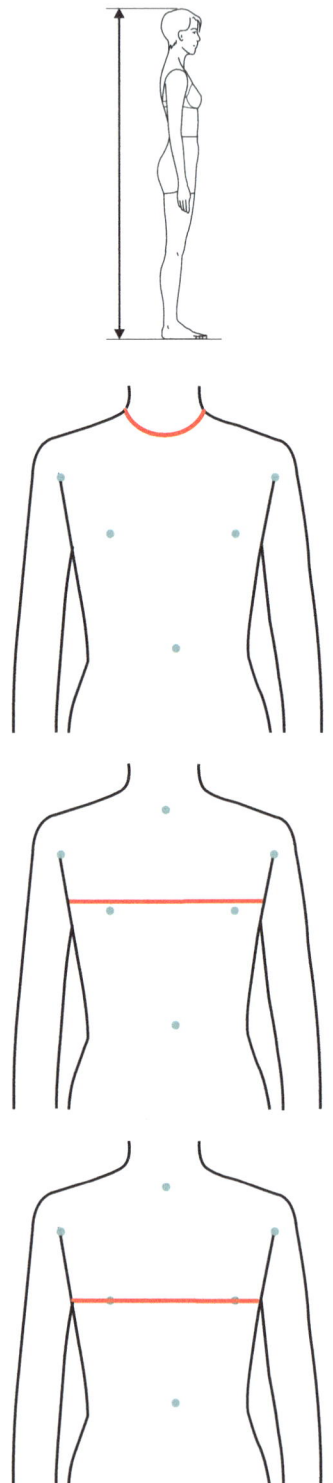

(5) 허리둘레(waist cir.)

피측정자 앞에서 자연스러운 숨쉬기의 중간호흡일 때, 허리의 허리옆점을 지나는 수평둘레를 측정한다.

(6) 배꼽수준 허리둘레(waist circumference-omphalion)

피측정자 앞에서 배꼽을 지나는 수평둘레를 측정한다.

(7) 엉덩이둘레(hip cir.)

피측정자 오른쪽앞옆에서 엉덩이돌출점을 지나는 수평둘레를 측정한다.

(8) 위팔둘레(upper arm cir.)

피측정자 오른쪽에서 위팔두갈래근점의 가장 굵은 부위를 지나가는 둘레를 측정한다.

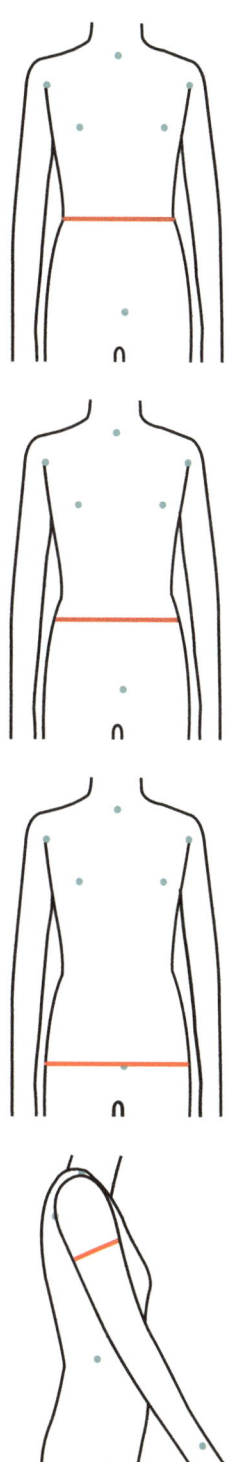

(9) 팔꿈치둘레(elbow cir.)

팔을 90° 구부린 상태로 팔꿈치점을 지나는 둘레를
잰다.

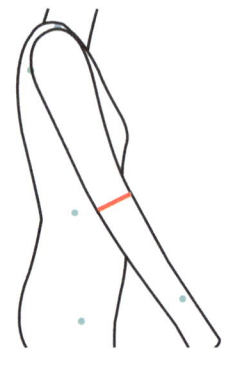

(10) 손목둘레(wrist cir.)

피측정자 오른쪽에서 손목가쪽점을 지나 팔에 수직이
되도록 손목둘레를 측정한다.

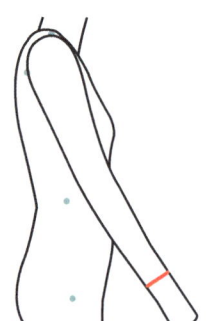

(11) 넙다리둘레(thigh cir.)

피측정자 옆에서 넙다리(허벅지) 부위의 최대둘레를
잰다.

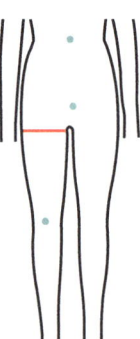

(12) 무릎둘레(knee cir.)

피측정자 앞에서 무릎뼈가운데점을 지나는 수평둘레
를 측정한다.

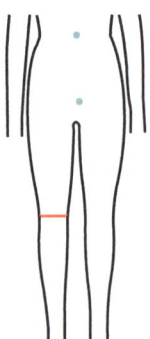

(13) 발목둘레(ankle cir.)

발목의 가장 가는 부위의 수평둘레를 측정한다.

(14) 진동깊이(scye depth)

피측정자의 등 뒤에 겨드랑이 수준에 기준자를 대어 수평을 유지하고 목뒤점에서 뒤중심선을 따라 겨드랑 수준점까지의 길이를 측정한다.

(15) 등길이(waist back length)

피측정자의 목뒤점에서 뒤중심선을 따라 허리선의 허리뒤점까지의 체표길이를 측정한다.

(16) 상의길이(back neck point to hip level)

피측정자의 목뒤점에서 뒤중심선을 따라 엉덩이가 가장 발달된 부위인 엉덩이돌출점까지의 길이를 측정한다.

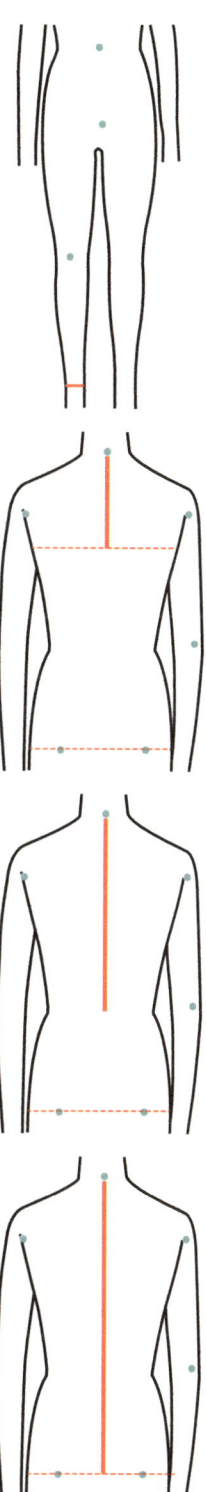

(17) 젖꼭지길이(neck point to breast point)

피측정자 오른쪽옆에서 목옆점부터 젖꼭지점까지의
길이를 측정한다.

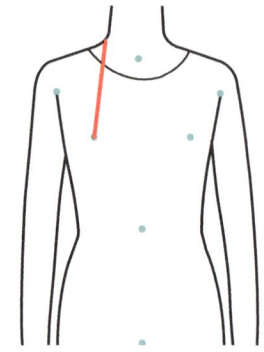

(18) 앞길이(neck point to breast point to waistline)

피측정자 오른쪽옆에서 목옆점부터 젖꼭지점을 지나
허리선까지의 길이를 측정한다.

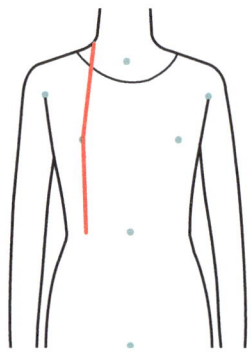

(19) 앞중심길이(waist front length)

피측정자 앞에서 목앞점부터 앞중심선을 따라 허리앞
점까지의 길이를 측정한다.

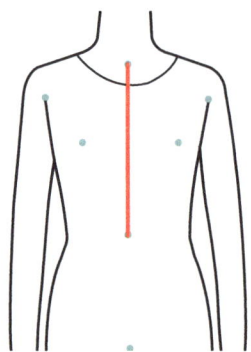

(20) 어깨길이(shoulder length)

피측정자의 오른쪽에서 목옆점에서 어깨선을 따라 어
깨끝점(어깨가쪽점)까지의 길이를 측정한다.

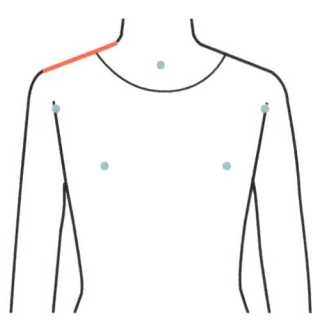

(21) 어깨사이길이(bishoulder length)

피측정자의 뒤에서 왼쪽 어깨끝(어깨가쪽점)부터 오른쪽 어깨끝점(어깨가쪽점)까지의 길이를 잰다.

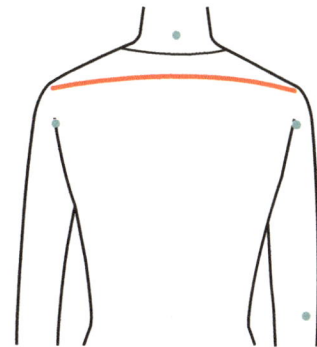

(22) 목뒤점을 통과하는 어깨사이 길이

피측정자의 뒤에서 왼쪽 어깨끝(어깨가쪽점)부터 목뒤점을 지나 오른쪽 어깨끝점(어깨가쪽점)까지의 길이를 잰다.

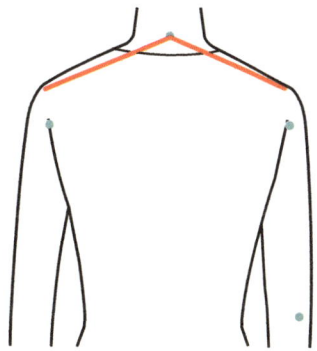

(23) 뒤품(back interscye length, 겨드랑뒤벽사이길이)

피측정자의 뒤에서 오른쪽 뒤품점에서 왼쪽 뒤품점(겨드랑뒤벽점) 사이의 체표길이를 측정한다.

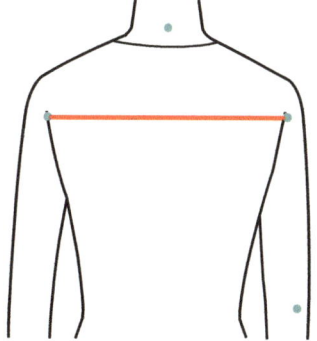

(24) 앞품(interscye, front, 겨드랑앞벽사이길이)

피측정자의 앞에서 오른쪽 앞품점에서 왼쪽 앞품점(겨드랑앞벽점) 사이의 체표길이를 측정한다.

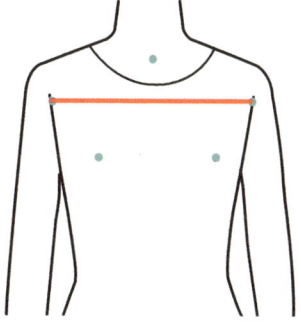

(25) 젖꼭지너비(젖꼭지사이길이, 유폭, bust point to bust point)

앙쪽 젖꼭지점 사이의 길이를 측정한다.

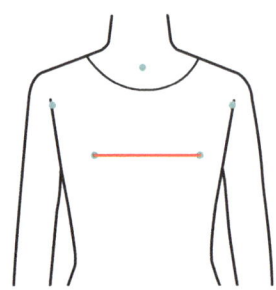

(26) 팔꿈치길이(upper arm length)

피측정자의 오른쪽에서 어깨끝점부터 팔꿈치점까지의 길이를 측정한다.

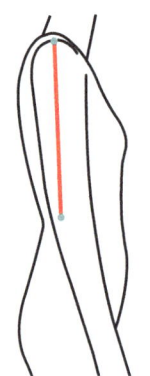

(27) 소매길이(arm length)

피측정자의 오른쪽에서 팔을 자연스럽게 내리고 어깨끝점부터 팔꿈치점을 지나 손목점까지의 길이를 측정한다.

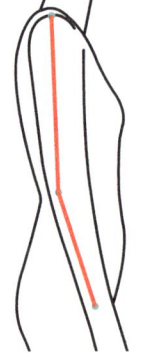

(28) 엉덩이길이(waist to hip length)

피측정자의 오른쪽 옆에서 허리옆점부터 엉덩이 돌출점 수준까지 수직으로 내려오는 길이를 측정한다.

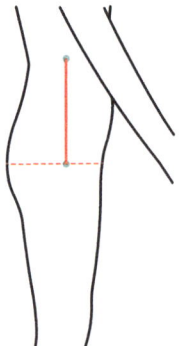

(29) 무릎길이(knee length)

피측정자의 오른쪽 옆에서 허리선부터 무릎수준까지의 길이를 측정한다.

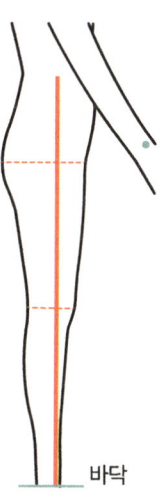

(30) 바지길이(outside leg length, outseam)

피측정자의 오른쪽 옆에서 허리선부터 무릎수준을 지나 발바닥까지의 길이를 측정한다.

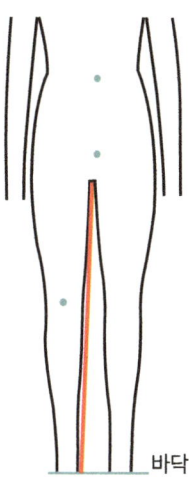

바닥

(31) 바지 안솔기길이(inside leg length, inseam)

피측정자의 뒤에서 샅점(크러치점)에서 무릎수준을 지나 발바닥까지의 길이를 다리안쪽에서 측정한다.

바닥

(32) 밑위길이(crotch depth, waist to seat level)

의자에 앉은 자세에서 오른쪽 옆허리선에서 의자 바닥까지의 길이를 측정한다.

(33) 샅앞뒤길이(crotch length -natural indentation)

선 자세에서 허리앞점에서 샅점을 지나 허리뒤점까지 길이를 측정한다.

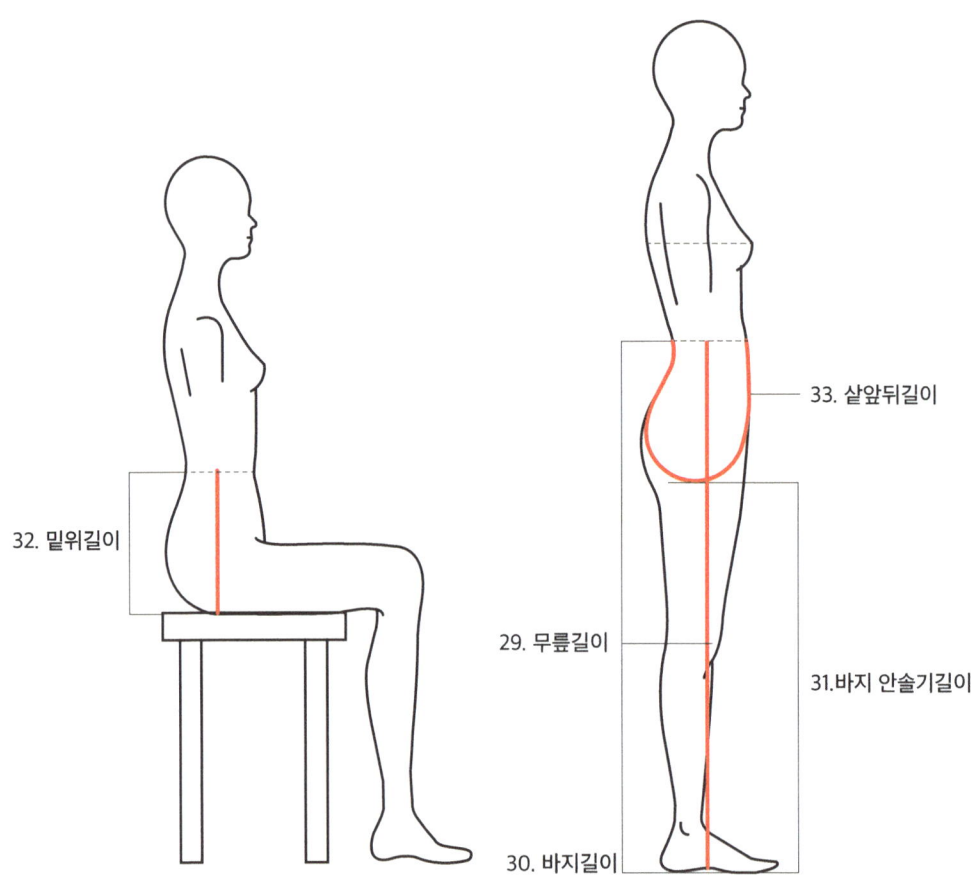

33. 샅앞뒤길이

32. 밑위길이

29. 무릎길이

31.바지 안솔기길이

30. 바지길이

3. 인체측정 결과표

측정 일시:20   년   월   일   학습자 성명:

	No.	인체치수 측정 항목	측정 치수(cm)	비고
기본 사항	1	키		
		몸무게(kg)		
둘레 항목	2	목밑둘레		
	3	가슴둘레		
	4	젖가슴둘레		
	5	허리둘레		
	5-1	배꼽수준 허리둘레		
	6	엉덩이둘레		
	7	위팔둘레		
	8	팔꿈치둘레		
	9	손목둘레		
	10	넙다리둘레		
	11	무릎둘레		
	12	발목둘레		
높이 항목	13	진동깊이		
	14	등길이		
	15	상의길이		
	16	총길이		
	17	젖꼭지길이(유장)		
	18	앞길이		
	19	앞중심길이		
	20	어깨길이		
	21	어깨사이길이		
	21-1	어깨사이길이-목뒤점통과		
	22	뒤품		
	23	앞품		
	24	젖꼭지너비(유폭)		
	25	팔꿈치길이		
	26	소매길이		
	27	엉덩이길이		
	28	무릎길이		
	29	바지길이		
	30	안솔기길이		
	31	밑위길이		
	32	샅앞뒤길이		
피측정자		성별: 남☐ 여☐ 나이: 세		

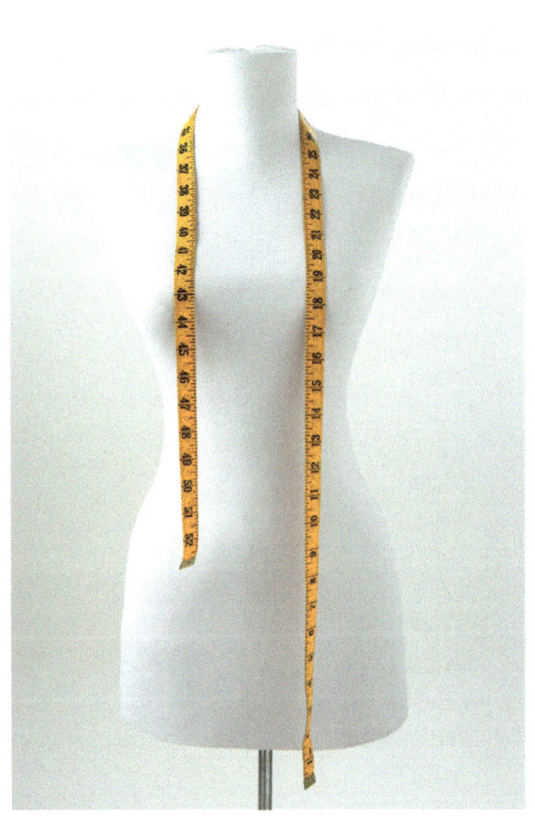

1. 제도용구

1		제도용지	패턴을 제도할 때 사용하는 종이. 연필로 선을 그리기 용이하며 지우개로 지우기 쉽고 튼튼한 것이 좋다. 제도 용지에는 노루지, 크라프트지, 마카지, 모조지 등이 있다.
2		연필	패턴제도나 입체 재단 마킹용으로 사용한다. 패턴제도 에는 4H, 5H, HB 등을 사용하고, 입체재단에는 2B, 4B 와 같이 심이 무른 것을 사용한다.
3		축도자	축소 패턴을 그릴 때 사용하며, 1/5, 1/4 로 축도된 눈금 이 있다. 삼각형 모양으로 두 변은 직각으로 되어 있고, 다른 한 변은 곡선으로 되어 있어 직각자와 곡자를 겸 하고 있다.
4		직각자	기준선이나 직각선을 그릴 때 사용한다.
5		줄자	인체측정 할 때 사용하며, 진동둘레와 같은 곡선을 잴 때는 줄자를 세워서 잰다
6		방안자	너비 5cm, 길이는 50cm 또는 60cm의 투명한 플라스 틱 자로, 평행선을 그리거나 시접표시에 사용된다. 곡선 을 계측할 때 구부려서 사용할 수 있다.

7		힙커브자	허리선, 옆솔기선 등 완만한 곡선을 그리는데 사용한다.
8		커브자	소매산, 진동둘레선, 목둘레 등 곡률이 큰 부분의 곡선을 그리는데 사용한다.
9		유연자	곡선 모양으로 자유롭게 구부러지는 자로, 목둘레나 진동둘레 등의 곡선을 그리거나 잴 때 사용한다.
10		컴퍼스	제도할 때 원이나 선의 교차점 등을 구할 때 이용한다.
11		너치	패턴이 완성되었을 때 맞춤점(notch)표시나 시접폭 표시 등에 사용한다.
12		룰렛	다른종이에 패턴을 복사할 때 또는 옷감에 완성선 표시용으로 사용할 때 이용한다. 초크 페이퍼를 대고 사용하며, 톱니가 너무 날카롭지 않아야 옷감이 상하지 않는다.

2. 재단 용구

1		재단가위	날끝이 예리하여 깨끗이 잘라지는 것이 좋다. 재단용 가위와 패턴지 제도용 가위를 구별해서 사용해야 한다.
2		원형재단칼	실크나 오간자와 같은 얇은 옷감이나 가죽 등을 재단할 때 유용하다. 옷감을 자를 때 커팅 보드 위에 옷감을 올려놓은 다음 패턴을 대고 원형 재단칼로 자른다.
3		핑킹가위	올이 잘 풀리지 않는 옷감의 시접처리나 장식용으로 사용한다.
4		초크	옷감에 완성선, 시접선 등을 표시하는데 사용한다. 선을 가늘고 정확하게 긋기 위해 깎으면서 사용한다. ·초초크: 다리미로 다리면 표시가 없어짐. ·분초크: 분필형태의 가루로 되어 있으며 색상이 다양함.
5		초크페이퍼	먹지와 같은 것으로 여러색으로 되어 있으며, 룰렛과 함께 사용한다.

6		핀	옷감에 패턴을 고정시키거나 봉제 시 임시고정을 할 때 사용하며, 가봉이나 입체재단에도 사용된다. 두꺼운 옷 감일수록 핀이 긴 것이 좋으며, 파일이 길거나 털이 있는 옷감에는 구슬이 달린 핀을 사용하는 것이 안전하다. 끝이 날카롭고 가늘며 긴 것이 옷감을 상하지 않게 한다.
7		핀쿠션	보통 고무줄이 있어 손목에 끼우고 사용하며, 핀과 바늘을 꽂아서 보관한다.
8		송곳	겉감의 완성선을 안감으로 옮기거나 다트, 포켓 위치를 표시할 때, 칼라 끝처럼 뽀족한 형태를 다듬을 때 등 다양한 용도로 사용된다.
9		문진	옷감을 재단할 때, 패턴을 복사할 때 옷감이나 종이가 흔들리지 않도록 눌러 고정시킨다.

3.봉제 용구

1		시침실	실표뜨기나 가봉 시침 때 사용한다. 잘 끊어지므로 완성 후 제거하기 좋다,
2		손바늘	손바느질할 때 쓰는 바늘로, 실의 종류와 굵기, 옷감의 두께에 따라 선택해서 사용한다.사이즈는 1~12호까지로 호수가 클수록 가늘다.
3		골무	금속이나 가죽재질로 만든 골무로, 바느질할 때 손가락을 보호하기 위해 가운뎃손가락에 끼우고 바늘귀를 밀어 사용한다.
4		실끼우개	실을 바늘귀에 끼울 때 사용한다.
5		재봉바늘	공업용(DB), 가정용(HA), 특수용(DC)으로 구분되며, 옷감의 종류, 두께, 조직에 따라 선택해서 사용한다. 사이즈는 9~16호 까지로 번호가 클수록 굵다.
6		쪽가위	봉제할 때 실을 잘라 마무리하는 데 사용하는 작은 가위로, 날이 잘 들고 끝이 뾰족한 것이 좋다.

7	공업용 가정용	북 (bobin)	공업용과 가정용으로 구별되며, 북은 밑실을 감아 사용한다.
8	공업용 가정용	북집 (bobin case)	공업용과 가정용으로 구별되며, 북집은 북을 넣는 기구이다.
9		재봉사	옷감의 종류에 따라 용도에 맞게 선택하여 사용한다.
10		실뜯개 (리퍼)	박은 솔기를 뜯을 때 사용한다. 긴 칼끝을 박은 땀이나 솔기에 놓아 실을 끊고 실을 당겨 제거한다. 단춧구멍을 뚫을 때도 사용한다.
11		다리미	스팀다리미는 다리미 밑면으로부터 증기가 나와 수분 공급과 동시에 다림질이 가능하다. 의복을 봉제하면서 형태를 만들어 갈 때와 완성된 의복의 끝손질에 사용한다. 가정용으로 일반 전기다리미와 스팀다리미, 공업용 스팀다리미가 있다.
12		자석	원하는 시접 폭으로 맞추어 놓고 일정한 폭으로 박음질할 때 사용한다. 바늘이나 핀을 정리할 때 사용하면 편리하다.

13		둥근 다리미대 (우마)	가슴, 어깨. 등의 곡선 부분을 입체적으로 마무리 다림질할 때 이용한다. 종류에 따라 소매통 속에 넣고 솔기를 가를 때와 소매산의 모양을 손질할 때 사용할 수도 있다.
14		족집게	시침실이나 실표뜨기한 실밥을 뽑을 때 사용한다.
15		드라이버	재봉틀의 바늘과 노루발을 교체할 때 사용한다.

4. 기타 용구

1		초크 샤프너	뭉툭해진 초크의 끝을 세밀하게 깎아주어 재단 시 선을 정확하게 그릴 수 있게 해준다.
2		자석 문진 시침핀쿠션	자석이 내장되어 있는 핀쿠션. 떨어진 시침핀을 손으로 일일이 줍지 않아도 되며, 무게감이 있어 문진으로도 사용 가능하다.
3		북알(bobin) 케이스	감아놓은 실을 빠르게 찾을 수 있고, 보관이 용이하다.
4		찬다리미	스팀을 이용해 다림질을 할 때, 찬다리미로 눌러주면 나무가 습기를 흡수하면서 다린 부분이 금방 흐트러지거나 구겨지는 단점을 보완해준다.

초 보 자 를 위 한 여 성 복 제 작

패턴 기호 및 약자

1. 패턴 제도 기호
2. 패턴 제도 약자

1. 패턴 기호 및 약자

1) 패턴 제도 기호

No.	명칭	기호	내용
1	기초선	———————	패턴의 기초선. 가는 실선
2	완성선	———————	패턴의 완성선. 굵은 실선
3	골선		패턴이 반으로 접힌 부분이면서 펴지는 부분. 반원 두 개 또는 굵은 파선으로 표시
4	안단선	—·—·—·—·—	안단이 들어가는 위치 일점쇄선
5	스티치선	————————	스티치가 들어가는 위치 가는 파선
6	올방향선	또는	옷감의 식서, 즉 세로 방향을 표시
7	바이어스 방향선		옷감의 바이어스 방향
8	털방향선		털의 결 방향 표시
9	노치		봉제할 때 서로 맞추어 박는 위치 표시, 또는 지퍼의 끝에 표시
10	늘임		봉제할 때 서로 맞추어 박는 위치 표시, 또는 지퍼의 끝에 표시
11	줄임		오그려 줄이는 위치 표시. 노치와 함께 표현
12	이즈 (ease)		옷의 오그림 분량을 의미한다. ※ 신체 치수보다 더하는 옷의 여유

No.	명칭	기호	내용
13	단추구멍		단춧구멍이 들어가는 위치
14	단추위치		단추 붙이는 위치 표시
15	직각		직각 표시
16	선의 교차		선을 겹쳐서 그리는 부분
17	버스트포인트		가는 실선으로 표시 버스트포인트 위치
18	다트		가는 실선으로 표시 다트선과 다트 중심선, 다트 외곽선 표현
19	턱(tuck)		가는 실선으로 표시 터크 표시 외주름 모양과 같으나 아래 부위가 패턴이해-3패턴의 밑단선까지 가지 않음
20	외주름		가는 실선으로 표시 두 개의 사선 사선의 높은 쪽이 낮은 쪽 위로 오게 하여 재단
21	맞주름		가는 실선으로 표시 대칭되는 두 개의 사선으로 표현

2) 패턴제도 약자

No.	명칭	Full Name	약자
1	앞중심	center front	C.F
2	뒤중심	center back	C.B
3	앞목점	front neck point	F.N.P
4	옆목점	side neck point	S.N.P
5	뒤목점	back neck point	B.N.P
6	어깨점	shoulder point	S.P
7	젖꼭지점	bust point	B.P
8	목밑둘레선	neck line	N.L
9	가슴선	bust line	B.L
10	허리선	waist line	W.L
11	엉덩이선	hip line	H.L
12	밑단선	hem line	Hm.L
13	옆선	side seam	S.S
14	팔꿈치선	elbow line	E.L
15	손목선	wrist line	Wr.L
16	밑위선	crotch line	Cr.L
17	무릎선	knee line	K.L
18	발목선	ankle line	An.L
19	앞진동맞춤표시	front notch	Fn
20	뒤진동맞춤표시	back notch	Bn
21	진동둘레선	arm hole	A.H

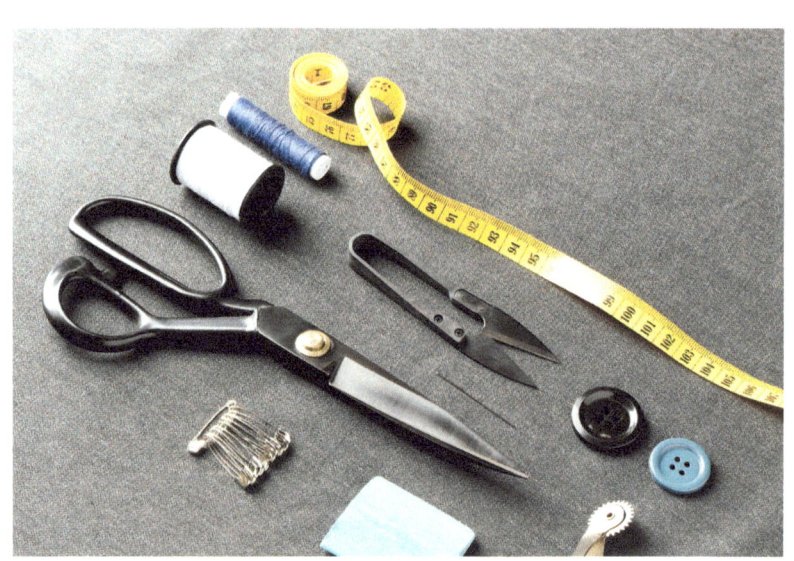

✂

초 보 자 를 위 한 여 성 복 제 작

스커트

1. 스커트 종류

1) 스커트의 길이에 따른 종류

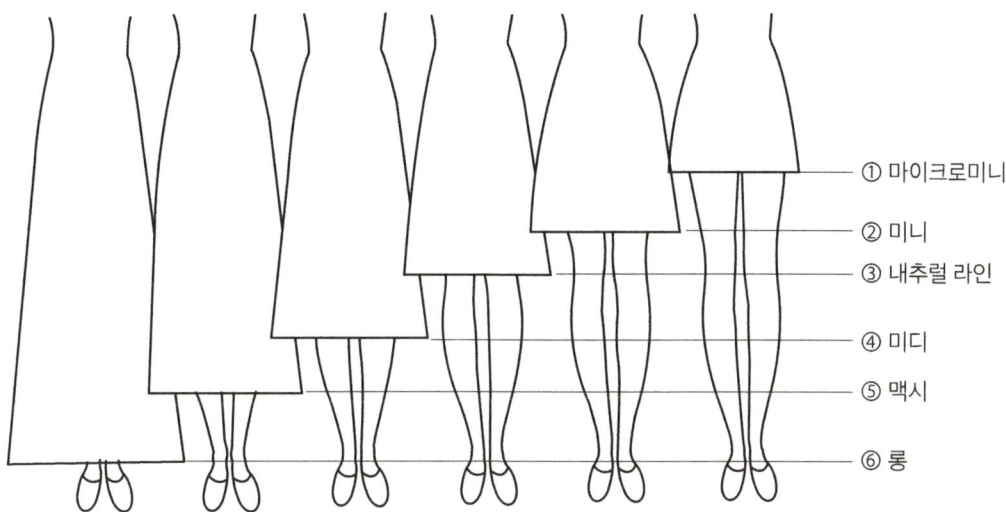

① 마이크로미니
② 미니
③ 내추럴 라인
④ 미디
⑤ 맥시
⑥ 롱

① 마이크로미니 스커트: 초미니 스커트로 매우 짧게 디자인 된 스커트

② 미니 스커트: 길이가 무릎 위 10~20cm로 올라간 짧은 스커트

③ 내추럴 라인 스커트: 무릎 길이의 스커트로, 샤넬라인 또는 니 렝스 스커트라고 불리어짐.

④ 미디 스커트: 미니와 맥시 중간길이로, 종아리 중간에 오는 스커트

⑤ 맥시 스커트: 맥시멈의 약칭으로 발목 위까지 오는 긴 스커트

⑥ 롱 스커트: 발목 아래까지 내려오는 긴 스커트

2) 스커트의 실루엣에 따른 종류

① 타이트 스커트

H라인 스커트로 보통 뒤나 옆쪽에 슬릿 또는 주름을 사용하여 활동
성과 디자인의 변화를 줄 수 있다.

② 세미타이트 스커트

밑단에 여유를 주어 타이트 스커트 보다 활동성이 있는 스커트이다.

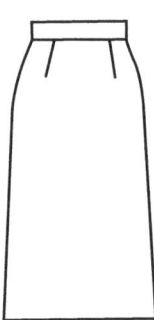

③ A라인 스커트

힙라인부터 밑단까지 A자형으로 된 스커트.

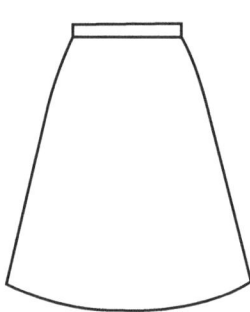

④ 플레어 스커트

밑단이 풍성한 스커트로 180°, 360°플레어 스커트 등이 있다.

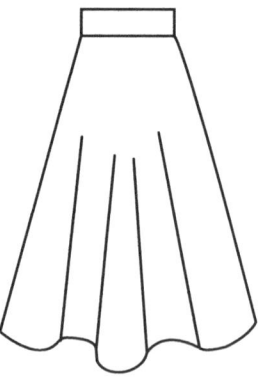

⑤ 페그톱 스커트

허리와 엉덩이 부분에 주름이나 포켓 또는 드레이프를 이용해 부풀리고, 힙부터 밑단까지 좁은 형태의 스커트이다.

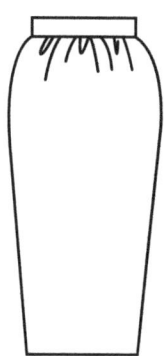

⑥ 벌룬 스커트

풍선처럼 부풀린 스커트로 허리선과 밑단을 맞게하고 가운데를 풍성하게 부풀린 형태의 스커트이다.

⑦ 벨 스커트

허리선에서 헴라인을 향하여 벌어지는 종모양의 스커트이다.

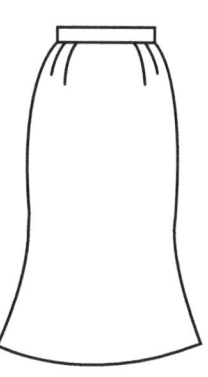

⑧ 던들 스커트

허리부분에 개더가 있는 폭이 넓은 스커트이다.

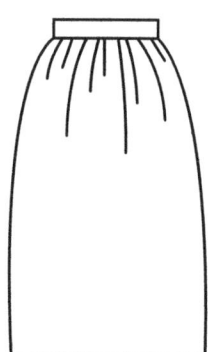

2. 스커트 기본 원형

1) 스커트 기본원형의 부위별 명칭

스커트 기본원형은 구부리거나 바닥에 앉을 때 엉덩이둘레의 여유, 계단을 고르거나 걸을 때 필요한 스커트 밑단의 여유를 고려하여 제도한다. 밑단에 트임이나 주름을 주어 불편하지 않도록 한다.

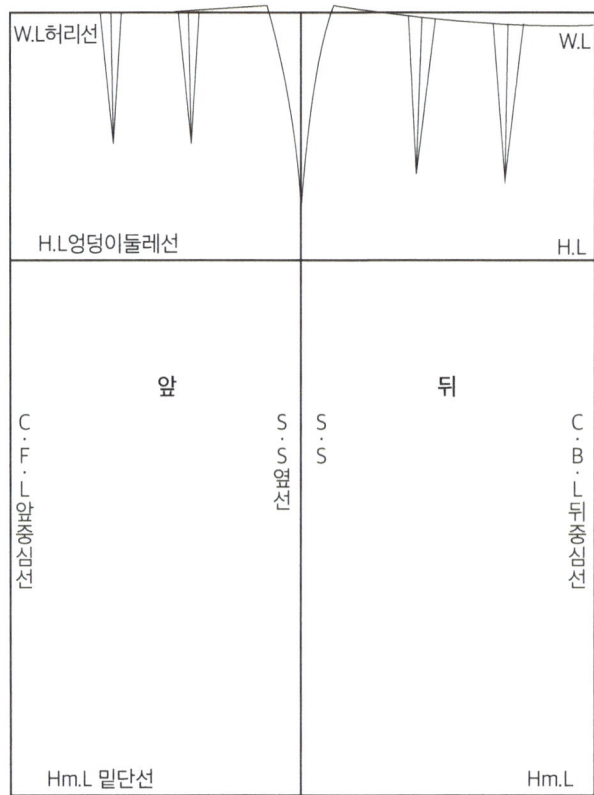

2) 스커트 기본원형의 인체치수와 완성치수

항목	인체치수	완성치수	비고
허리둘레	66cm	66cm	가장 잘록한 허리선
엉덩이둘레	88cm	92cm	여유량 4cm
엉덩이길이	19cm	19cm	
스커트길이		60cm	

3) 스커트 기본원형 제도 순서

(1) 기초선을 그린다.

① 세로는 스커트 길이로 60cm이다.

② 가로는 H/2+2cm로 그린다.

③ 첫 번째 가로선은 허리선(W.L)이다.

④ 두 번째 가로선은 허리선에서 19cm내려온 엉덩이둘레선(H.L)이다.

⑤ 마지막 가로선은 밑단선(Hm.L)이다.

⑥ 가로선을 이등분하여 수직선을 그려준다.

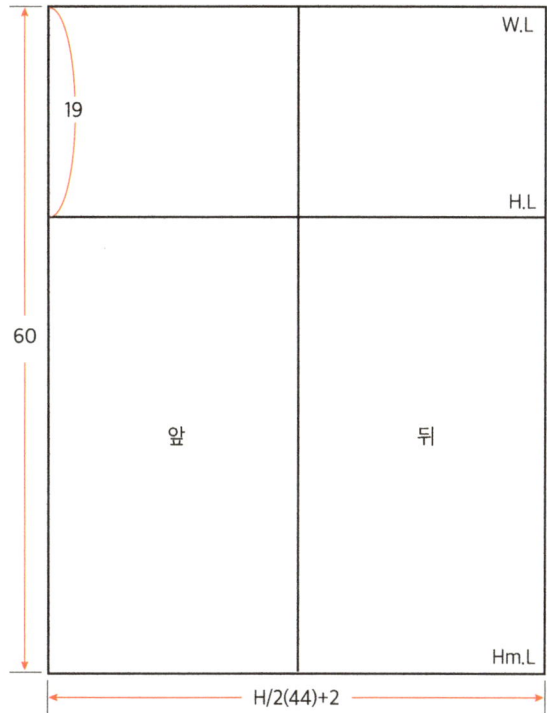

(2)옆선을 그린다.

① 허리선 옆선에서 양쪽으로 2.5cm 들어가 위로 0.5cm 올린점을 향해 곡자로 그림과 같이 그려준다.

② 뒤판도 같은 방법으로 그려준다.

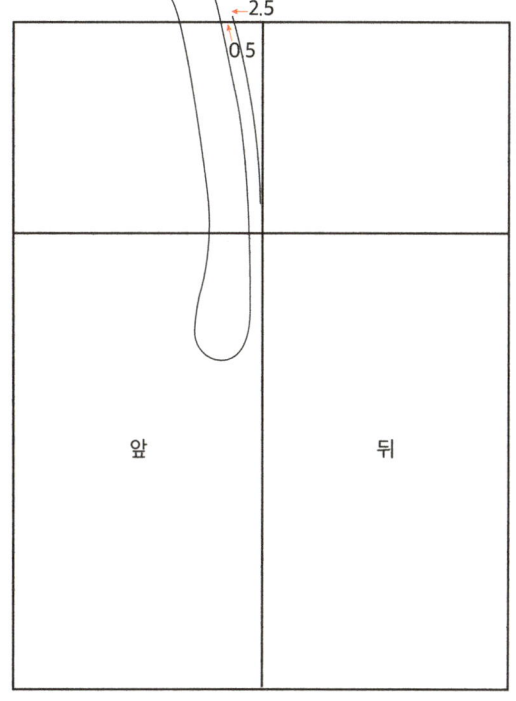

(3) 앞판 허리선을 그려준다.

앞중심쪽으로 곡진 부분을 놓고, 허리선 1/2지점에서부터 옆선까지 자연스럽게 그려준다.

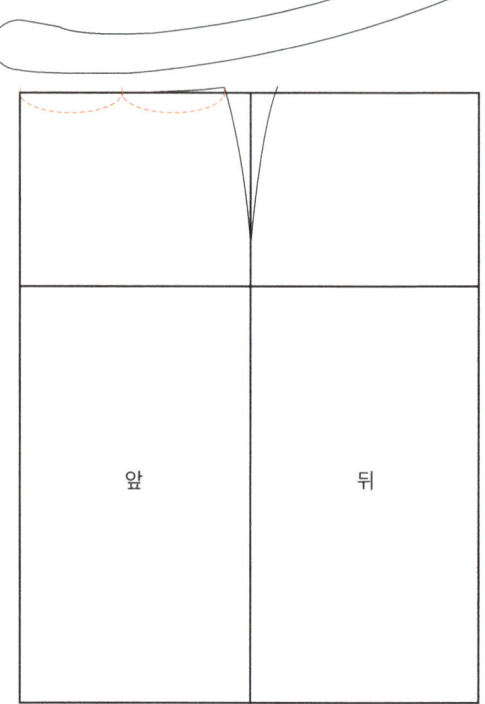

(4) 뒤판 허리선을 그려준다.

① 뒤허리선을 1cm내려 평행선을 5-6cm 그려준다.

② 뒤중심쪽으로 곡진 부분을 놓고, 허리선에서 옆선까지 자연스럽게 뒤허리선을 그려준다.

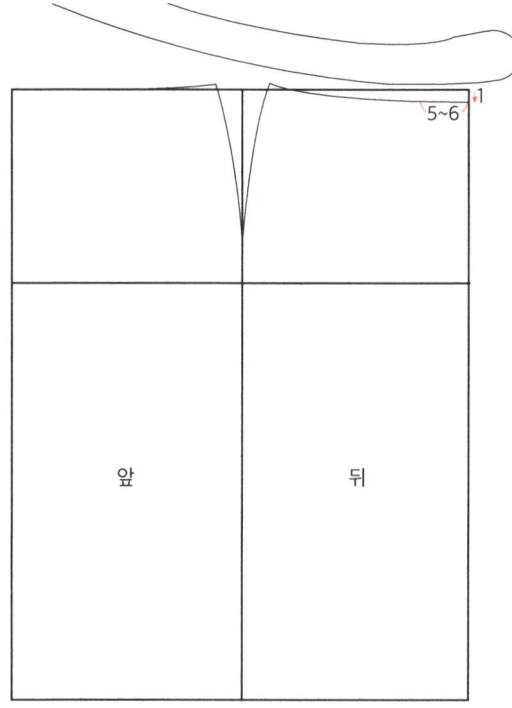

(5) 앞다트를 그려준다.

① 첫번째 다트는 앞중심에서 8cm 들어가서 직각으로 10cm 내려 다트중심선을 그려준다.

② 두번째 다트는 첫 번째 다트중심과 옆선까지 이등분한 점에서 직각으로 10cm 내려준다.

③ 다트량(3.2)=20.5(H/4-2.5)-[W/4(16.5)+0.3(이즈량)+0.5(앞허리가 뒤허리보다 큰분량)]

④ 다트량(3.2cm)를 2개의 다트에 나누어 그려준다.

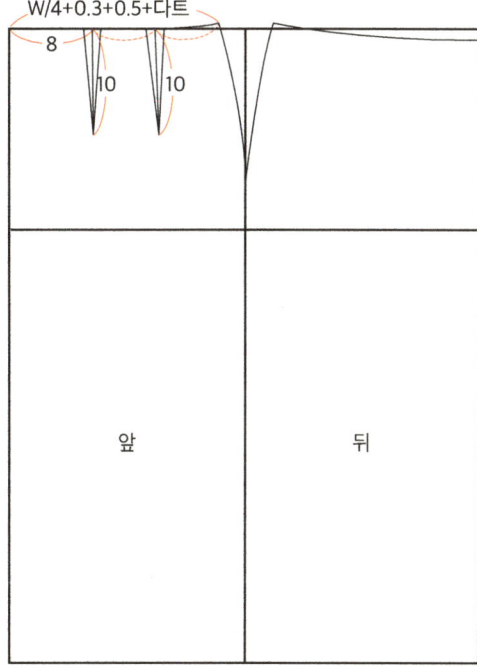

(6) 뒤다트 중심선을 그려준다.

뒤허리선을 3등분하고 밑단도 3등분하여 연결한 선을 다트의 중심선으로 정하고 허리선에서 12cm 내려와 표시한다.

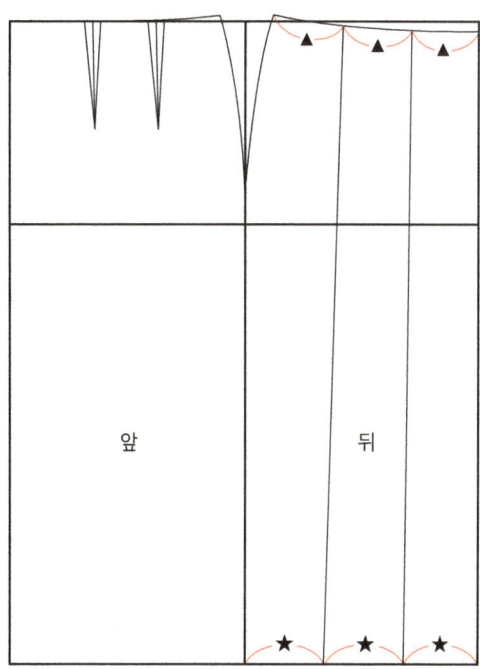

(7) 뒤다트를 그려준다.

① 다트량(4.2)=20.5(H/4-2.5)-[W/4(16.5)+0.3(이즈량)-0.5(뒤허리가 앞허리보다 작은분량)]

② 다트량(4.2cm)를 2개의 다트에 나누어 그려준다.

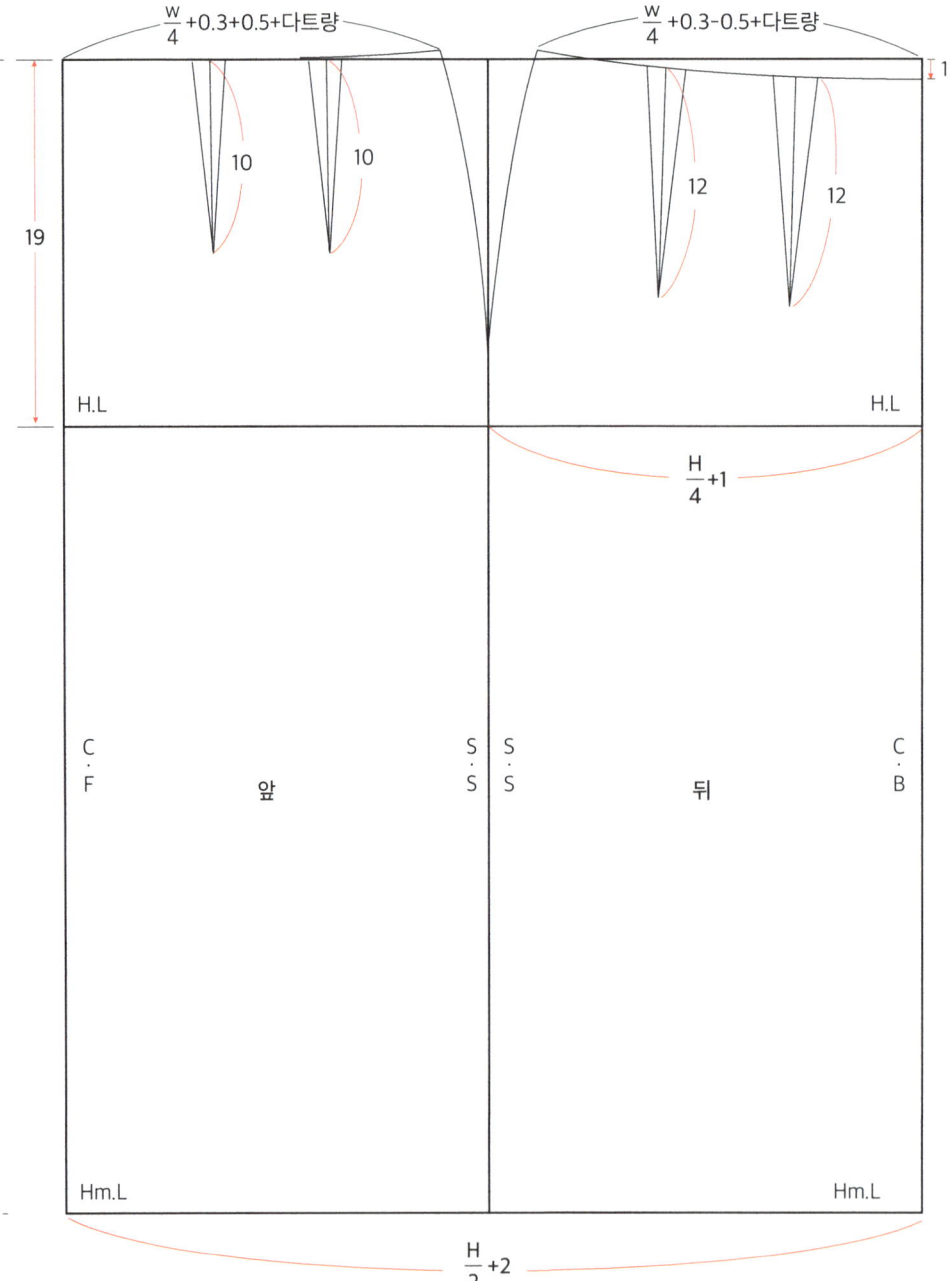

3. 스커트 기본원형의 활용

1) 곡선벨트 타이트 스커트

스커트 기본원형에서 허리선을 내려 그리고 곡선벨트선을 그린 후, 패턴을 잘라낸다. 곡선벨트의 다트를
M.P(Manipulation) 시켜 곡선벨트를 만들어 준다.

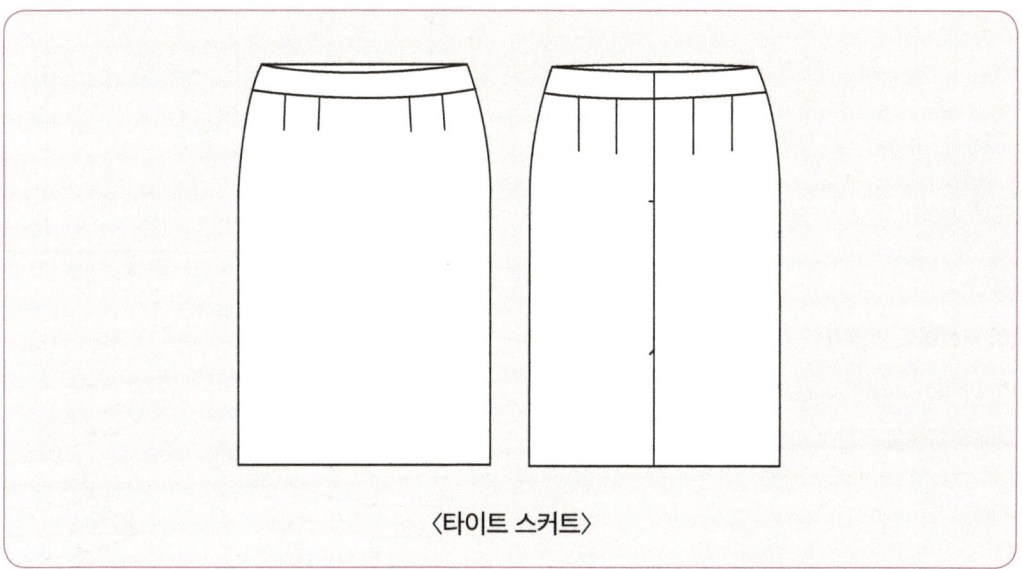

〈타이트 스커트〉

(1) 벨트선 그리기

허리선에서 원하는 벨트폭만큼 내려와 허리선과
평행하게 곡선으로 연결하여 준다.

*로우웨이스트로 하려면 허리선에서 일정부분을
내려준 후 벨트선을 그린다.

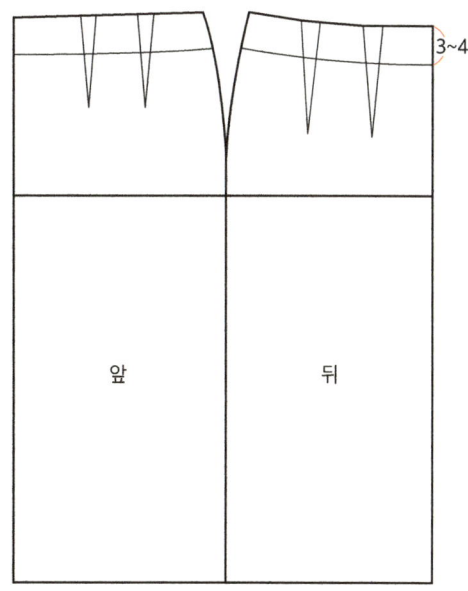

(2) 겹트임 그려주기

스커트 뒤판에 겹트임 폭과 길이를 정한 후 그려
주고, 지퍼의 위치도 옆선 또는 뒤중심선으로 정
해 표시해 준다.

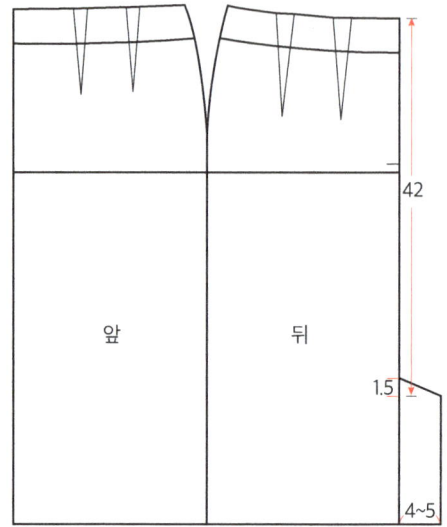

(3) 곡선벨트 만들기

앞, 뒤 곡선허리밴드 패턴의 다트를 접고, 허리선과
아래 완성선을 곡자로 자연스럽게 연결하여 준다.

(4) 기호 표시하기

모든 패턴에 식서방향과 위치 약자 등을 넣어 표
시하여 준다.

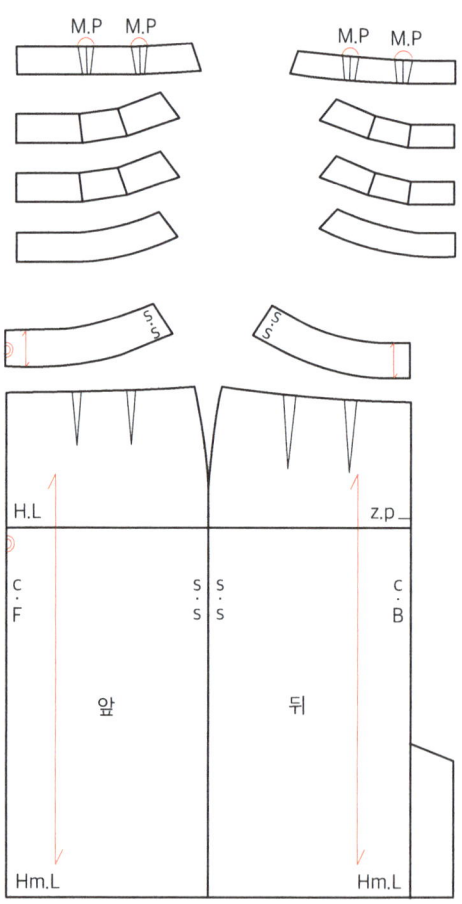

2) 세미 타이트 스커트

기본원형을 활용하여 허리에서 엉덩이까지는 몸에 맞고 밑단 폭이 타이트 스커트보다 넓은 스커트이다.

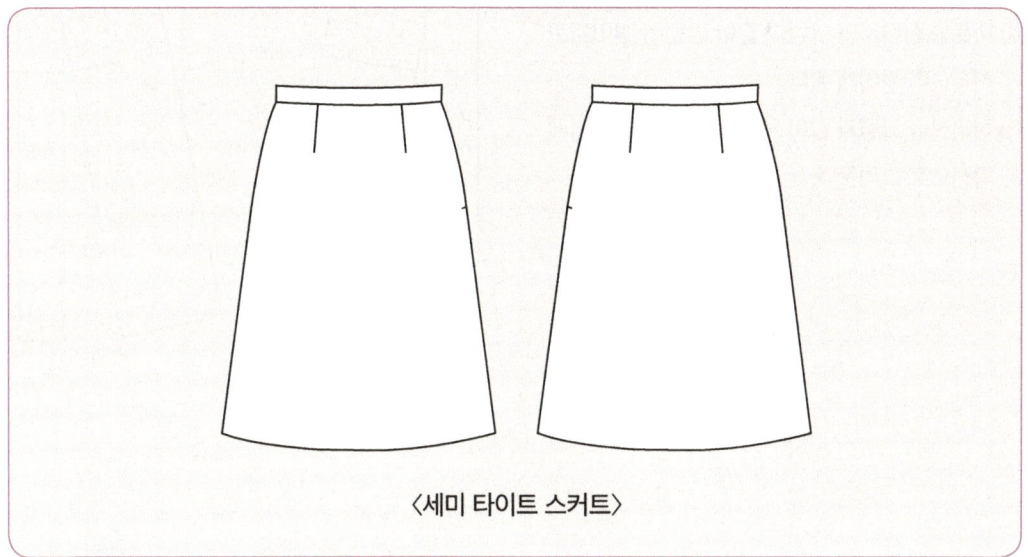

〈세미 타이트 스커트〉

기본원형을 활용한 세미 타이트 스커트 만들기

(1) 절개선 그리기

스커트 기본원형 앞,뒤 중심쪽에서 첫 번째 다트
끝과 밑단에 직각으로 선을 연결하여 준다.

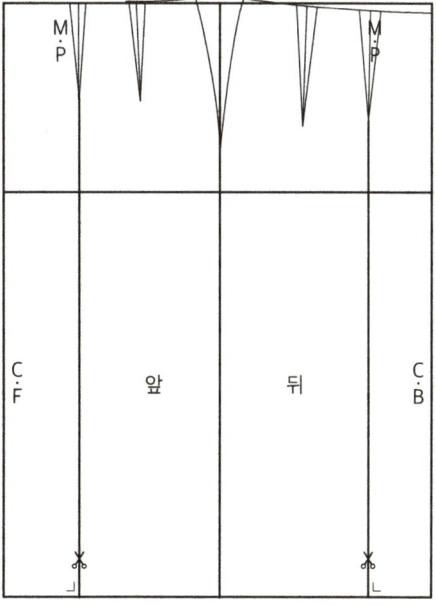

(2) 다트 M.P

① 밑단에서부터 다트끝을 향해 절개선을 가위로
  자른다.

② 다트를 접어주면 그림과 같이 밑단이 벌어지고
  허리선이 꺾이게 된다.

③ 허리선을 그림과 같이 곡자를 대고 자연스럽게
  곡선으로 그려준다.

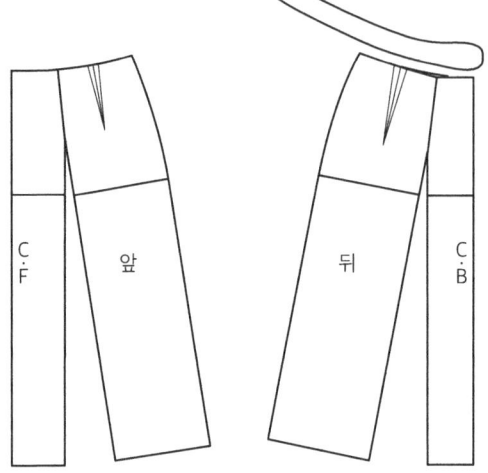

(3) 밑단선 이어주기

그림과 같이 앞,뒤판의 벌어진 밑단선을 중심쪽에
곡자의 곡진부분을 대고 자연스럽게 이어준다.

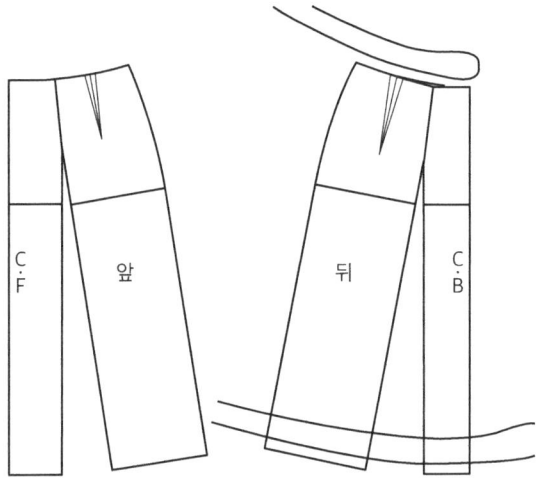

(4) 다트이동

옆선쪽의 남아있는 다트를 중심쪽으로 옮겨준다.

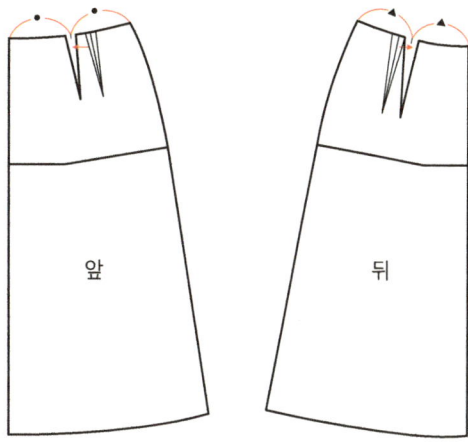

(5) 패턴 기호와 약자 표시

기준선 위치를 나타내는 약자를 표시하고, 골선과
식서, 지퍼위치 등의 기호를 넣어준다.

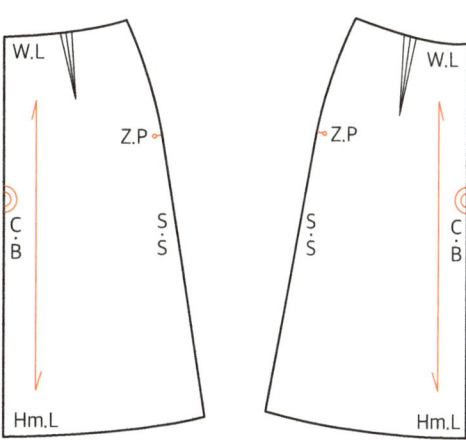

(6) 직선벨트 제도

직선벨트의 가로길이는 W/2, 세로길이는 3cm로
그려준다.

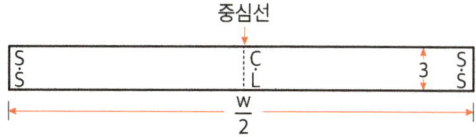

3) A-line 스커트

다트가 없는 A-Line스커트로 세미 타이트 스커트보다는 밑단이 넓고, 플레어 스커트 보다는 밑단이 좁은 스커트이다.

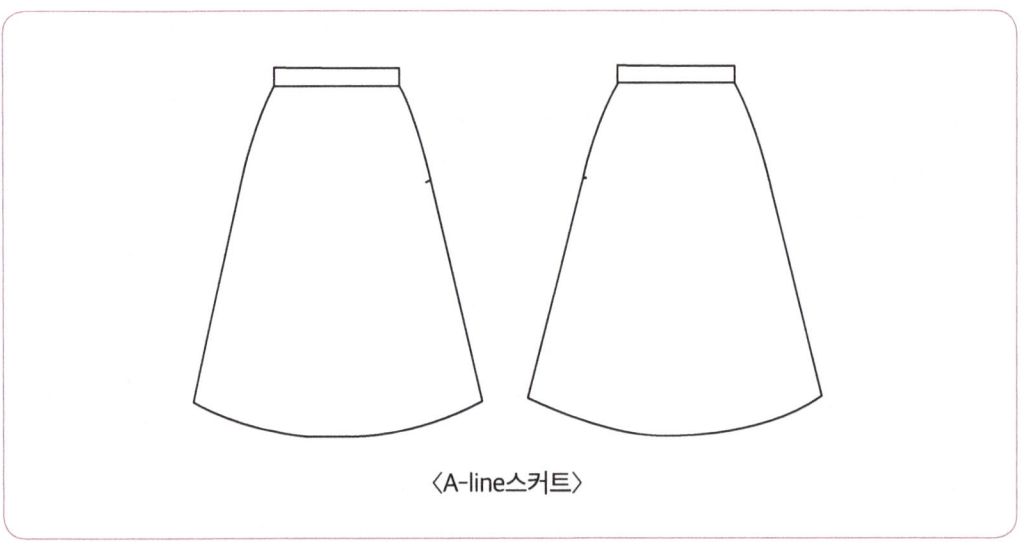

〈A-line스커트〉

🔑 기본원형을 활용한 A-line 스커트 만들기

(1) 절개선 그리기

스커트의 기본원형 앞,뒤판 모두 다트 끝과 밑단에 직각으로 선을 연결하여 준다.

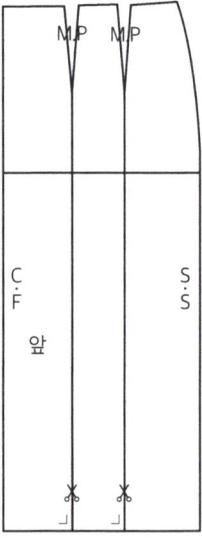

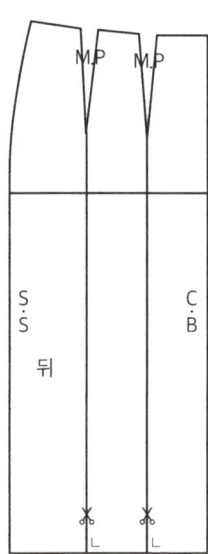

(2) 중심쪽 다트M.P

스커트 앞, 뒤판의 중심쪽 다트 끝을 향해 절개선을 가위로 자른 후 다트를 접어준다.

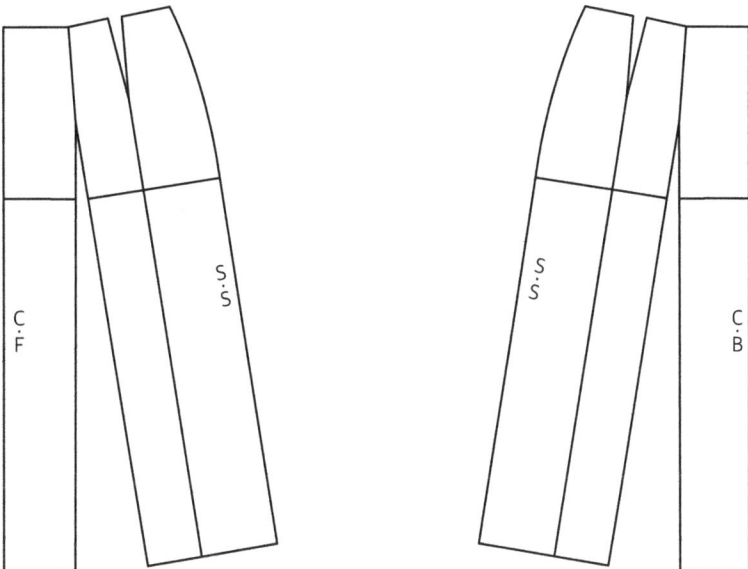

(3) 옆선쪽 다트M.P

스커트 앞, 뒤판의 옆선쪽 다트 끝을 향해 절개선을 가위로 자른 후 다트를 접어준다.

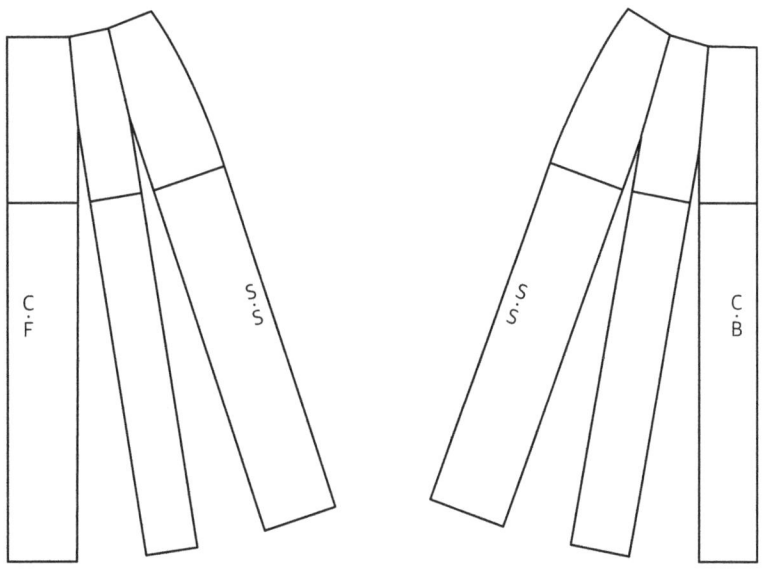

(4) 완성선 연결

허리선과 밑단선을 곡자를 이용하여 자연스
럽게 연결하여 준다.

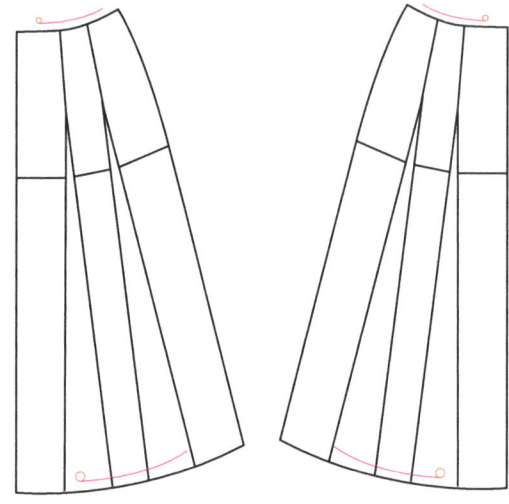

(5) 기호 표시

식서방향과 지퍼위치, 약자를 넣어 패턴을 완
성하여 준다.

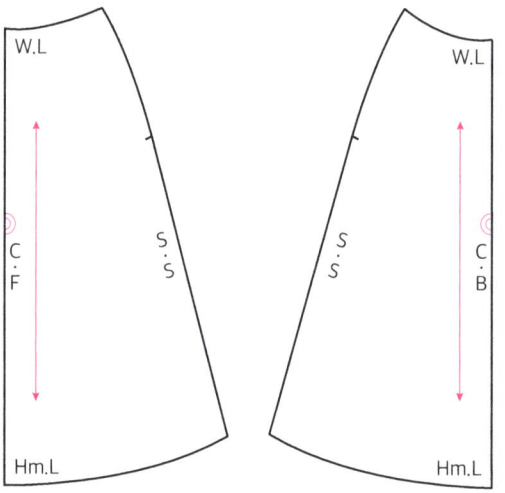

(6) 직선벨트 제도

직선벨트의 가로길이는 W/2, 세로길이는
3cm로 그려준다.

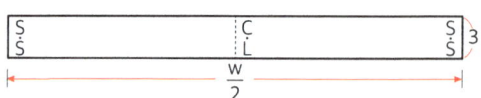

4) 요크 플레어 스커트

허리선에서 원하는 길이의 요크선을 그린 후 요크 아래쪽 밑단을 벌려 플레어로 만든 스커트이다. 플레어 이외에 개더, 플리츠 등 다양한 디자인이 가능하다.

〈요크 플레어 스커트〉

🧵 기본원형을 활용한 요크 플레어 스커트 만들기

(1) 요크선 그리기

스커트 기본원형에 원하는 길이의 요크선을 앞, 뒤
판에 그려준다.
뒤판에 절개선 밑으로 남은 다트는 옆선에서 깎아
준다.

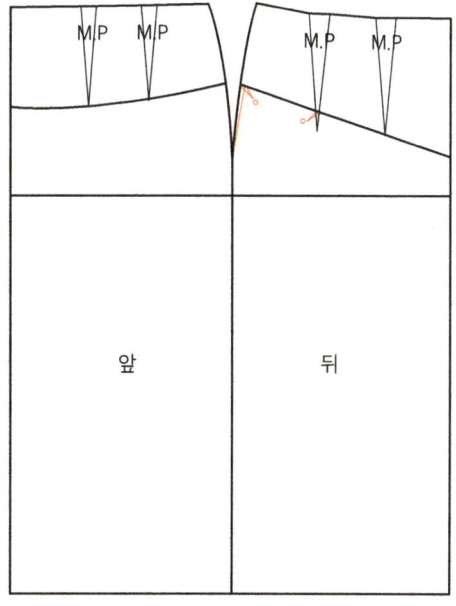

(2) 다트 M.P

요크안에 다트는 모두 접어 M.P시킨 후, 요크
아래 패턴은 3등분~5등분으로 분할한다.
등분을 많이 할수록 플레어량을 키울 수 있다.

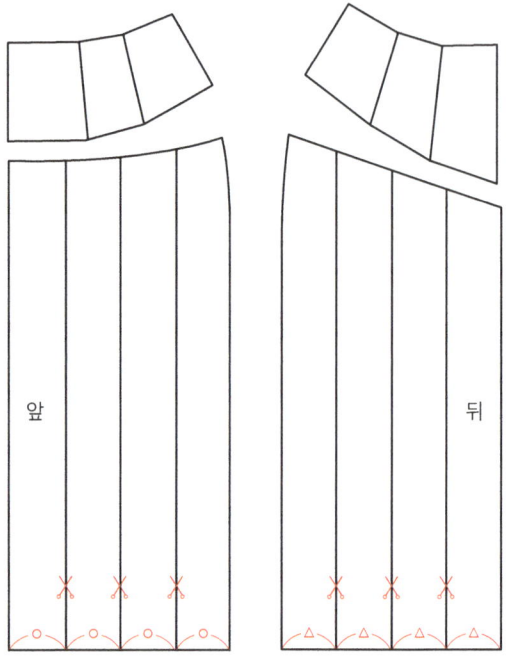

(3)패턴 벌리기

요크 아래 패턴을 절개한 후 패턴을 벌려 플레어량을 결정한다.

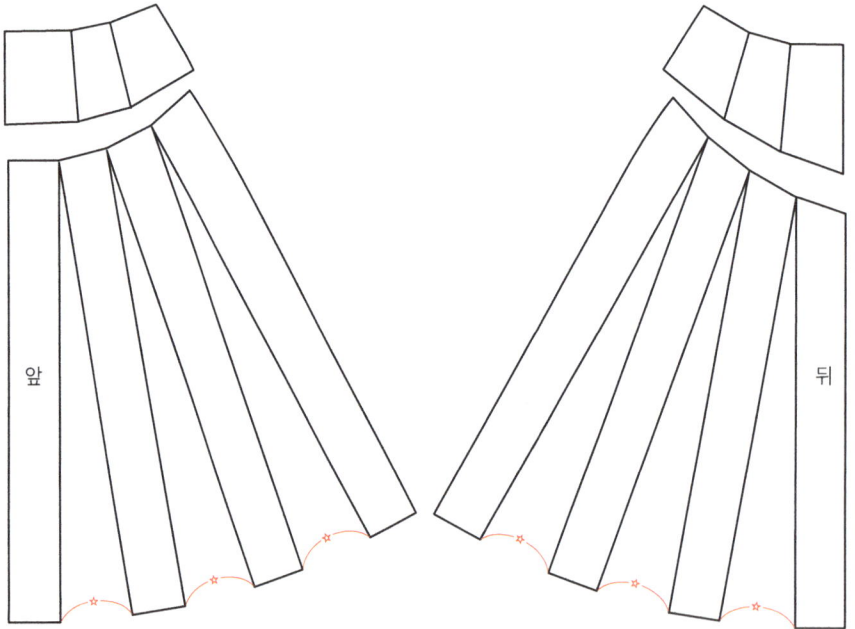

(4) 완성선그리기

요크패턴과 요크 아래쪽 패턴 모두 곡선으로 자연스럽게 완성선을 그려주고, 기호도 넣어준다.

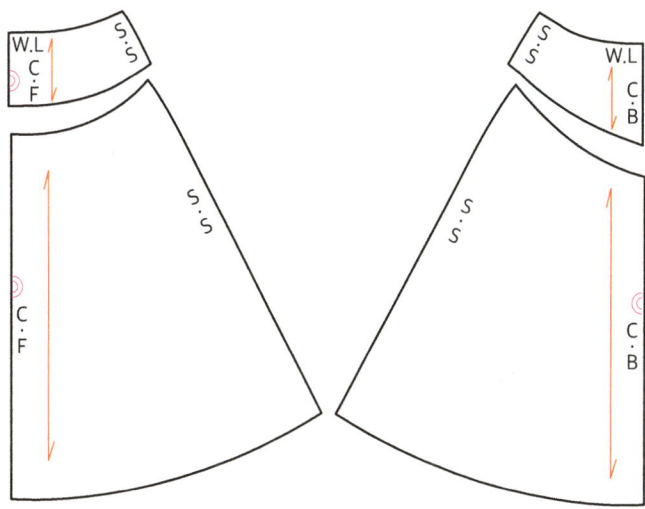

5) 인버티드 플리츠 스커트

허리선에서 밑단선까지 주름선이 잡히는 디자인으로, 앞중심에서 맞주름으로 잡는 인버티드 플리츠 스커트, 옆선쪽으로 외주름을 접는 사이드 플리츠 스커트가 있다.

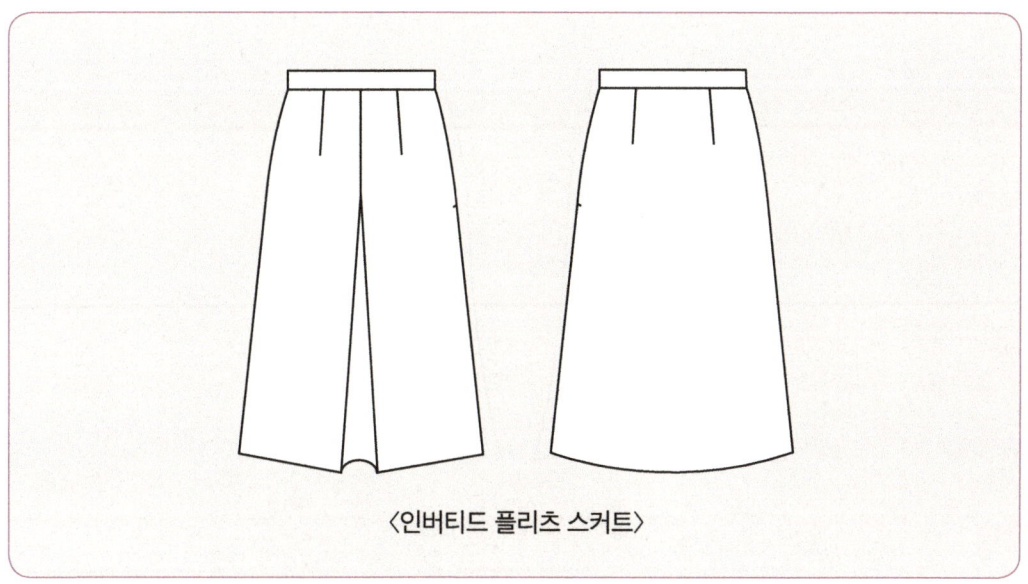

〈인버티드 플리츠 스커트〉

(1) 맞주름 넣기

세미 타이트 스커트 패턴을 활용하여 앞판 중심
에 맞주름 분량을 넣어 주고 스티치선 기호를 표
시한다.

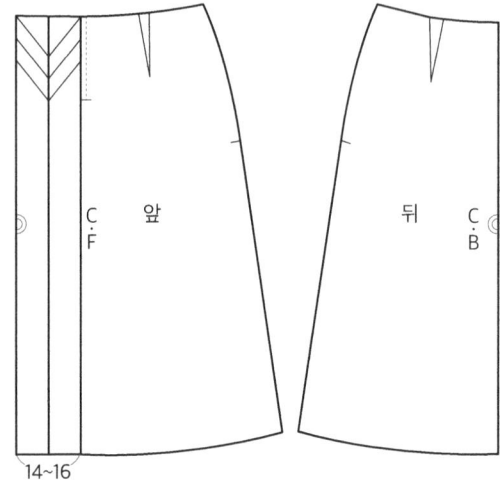

(2) 직선벨트 제도

직선벨트의 가로길이는 W/2, 세로길이는 3cm로
그려준다.

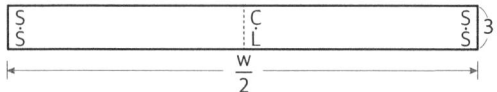

6) 6쪽 고어드 스커트

스커트 기본원형을 세로로 절개하여 연결한 스커트로 패널의 개수를 이름에 넣어 부른다. 패널의 개수와
밑단의 퍼지는 정도에 따라 디자인이 달라진다.

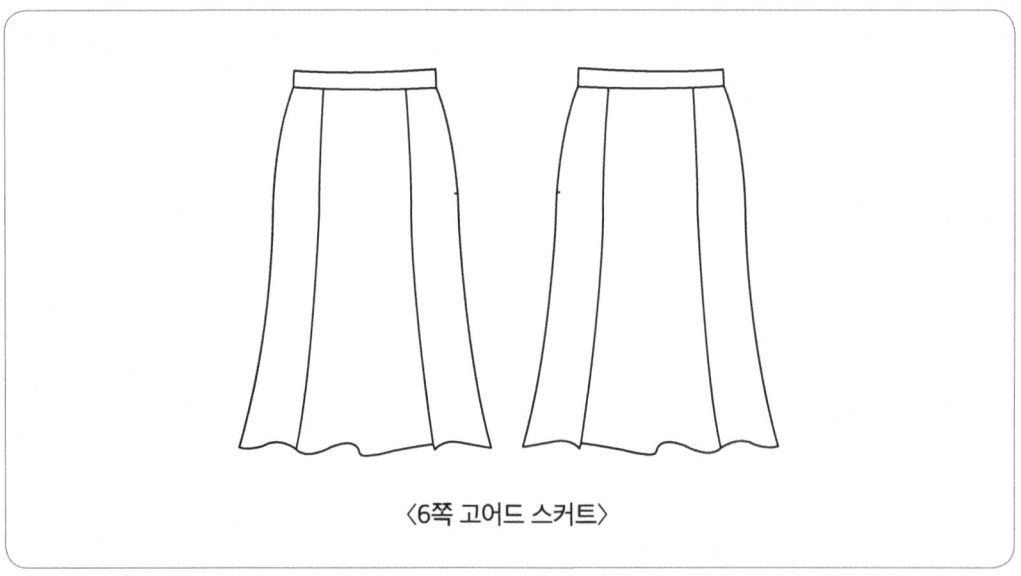

〈6쪽 고어드 스커트〉

기본원형을 활용한 고어드 스커트 만들기

(1) 다트 끝과 밑단 연결

스커트 기본원형을 다트 1개로 바꾸고 밑단에서
직각으로 다트 끝점과 연결한다.

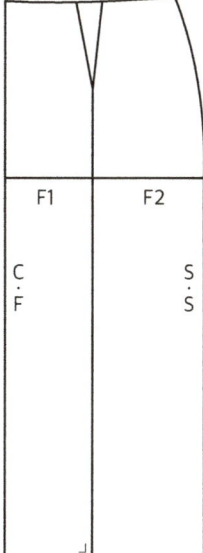
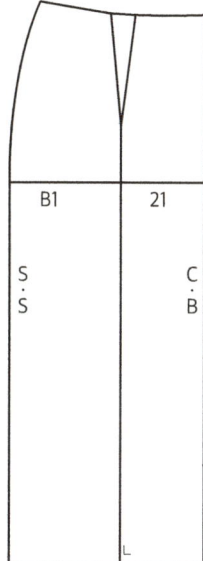

(2) 밑단 7cm 늘리기

중심쪽 패널 밑단을 옆선쪽으로 7cm 나간후 힙선과
자연스럽게 연결한다.

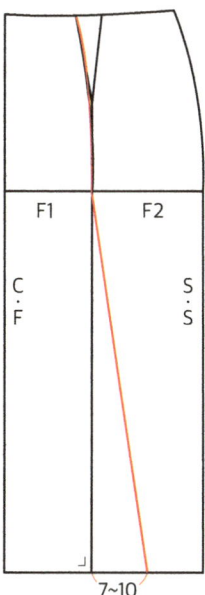
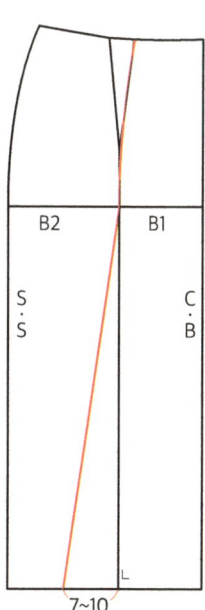

(3) 옆선쪽 패널 밑단 늘리기

옆선쪽 패널 밑단을 양쪽으로 7cm씩 늘려 힙선과
자연스럽게 연결하고 밑단을 직각처리 해준다.

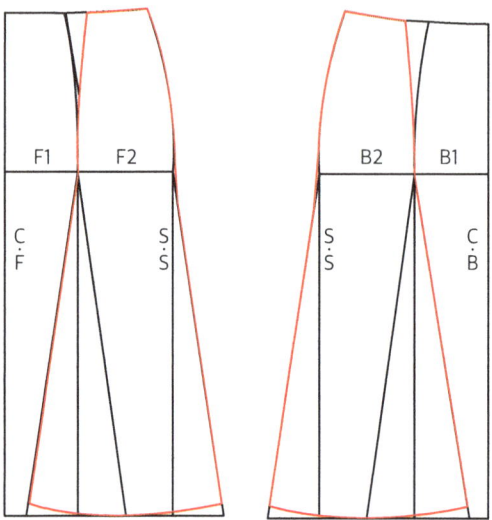

(4) 완성선그리기

스커트 앞뒤판 패널의 완성선을 그리고 기호를 표시한다.

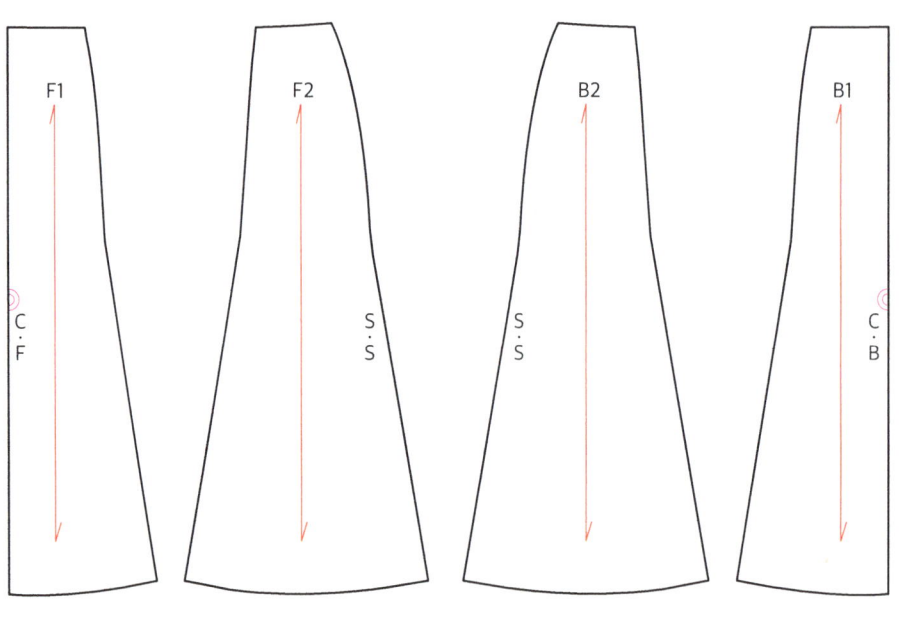

(5) 직선벨트 제도

직선벨트의 가로길이는 W/2, 세로길이는 3cm로
그려준다.

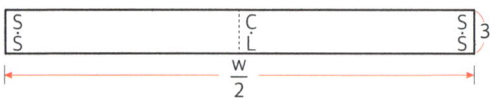

4. 스커트 제작하기

1) 곡선벨트 타이트 스커트 패턴제도

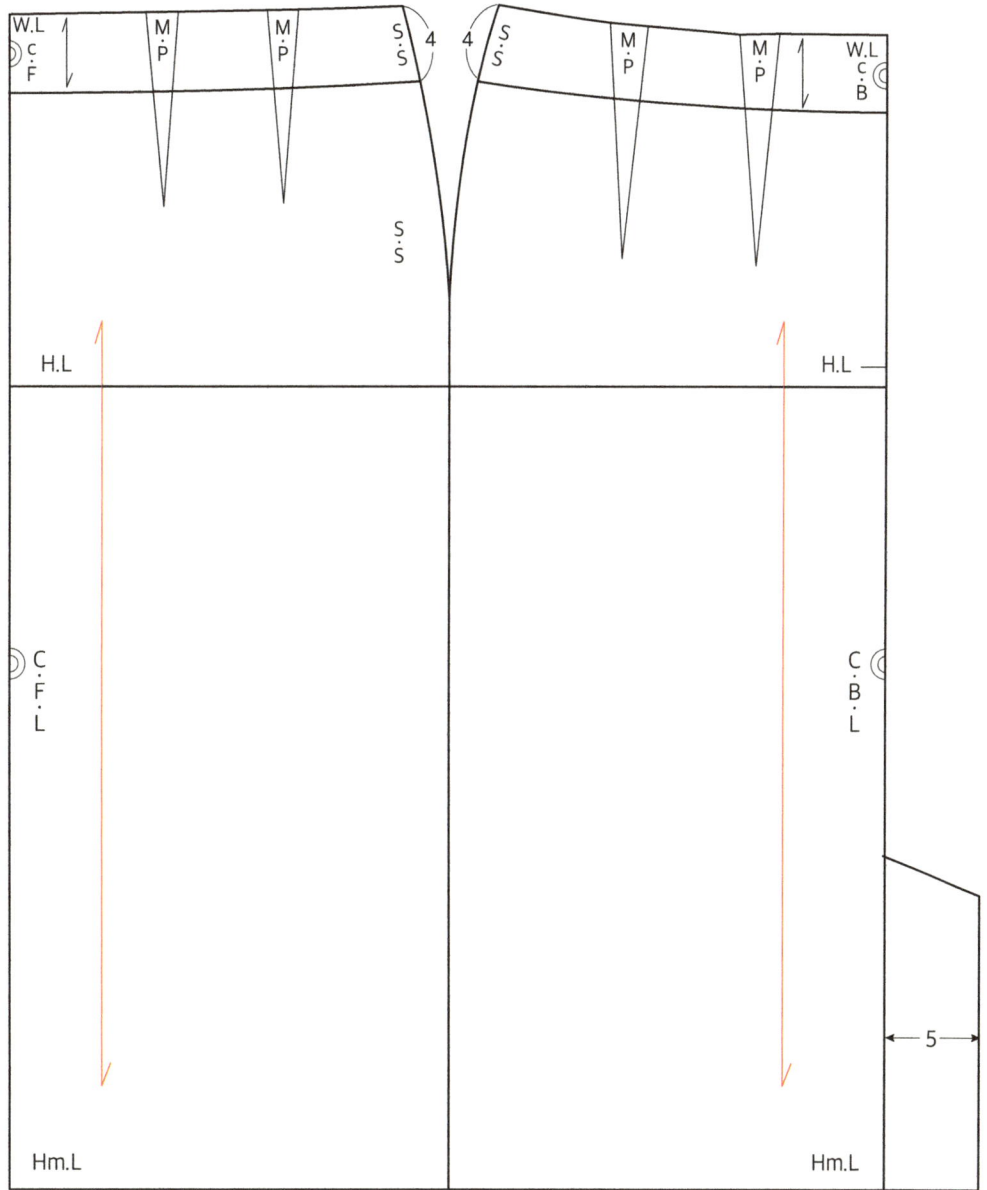

2) 스커트 겉감 재단

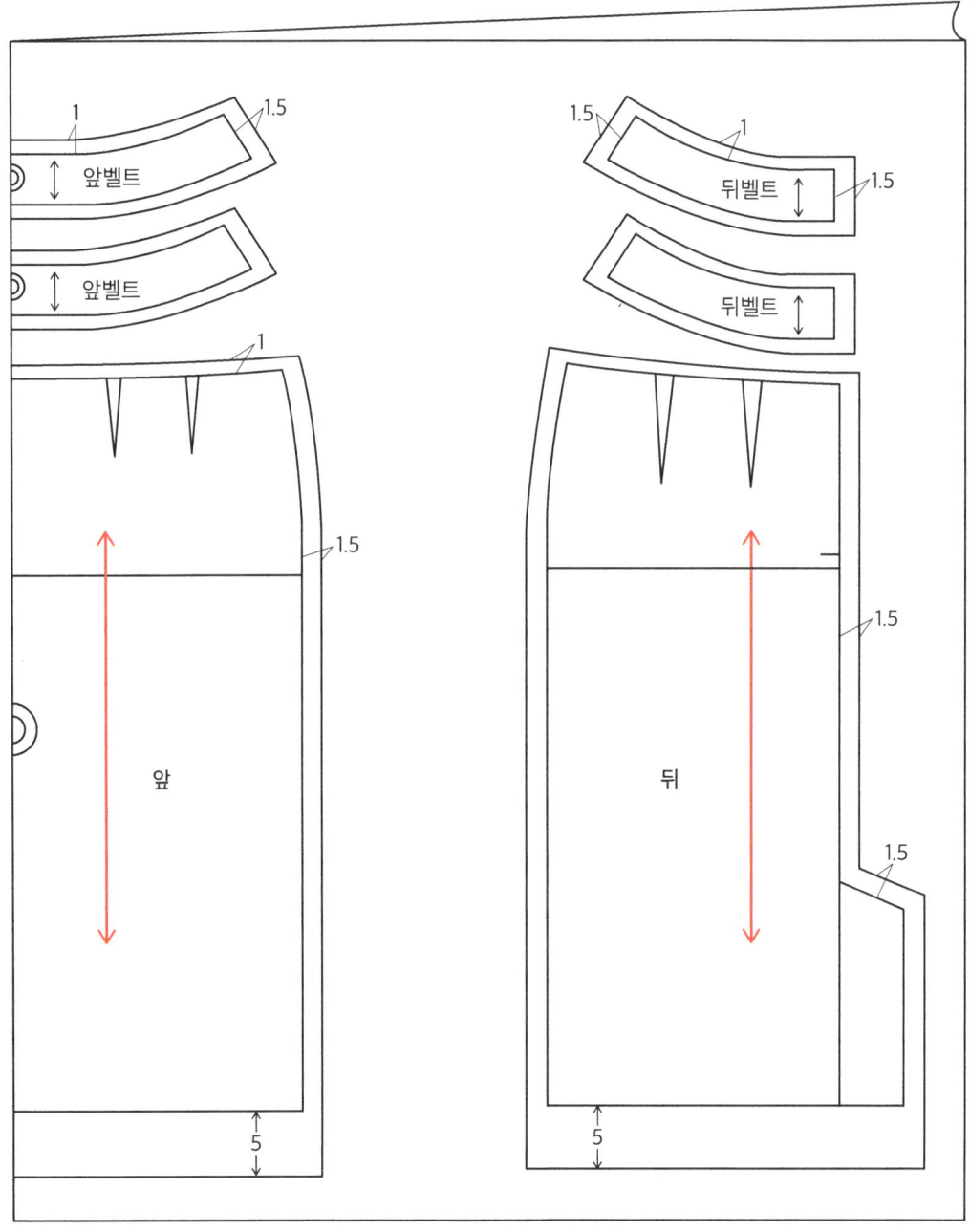

3) 스커트 안감 재단

겉감보다 신축성이 적은 안감은 너비 방향으로 겉감보다 조금 크게 재단하여야 한다. 앞뒤판 옆선을 0.3cm씩 크게 재단하고 밑단은 0 또는 1cm 시접을 준다. 다트는 턱(tuck)으로 처리한다.

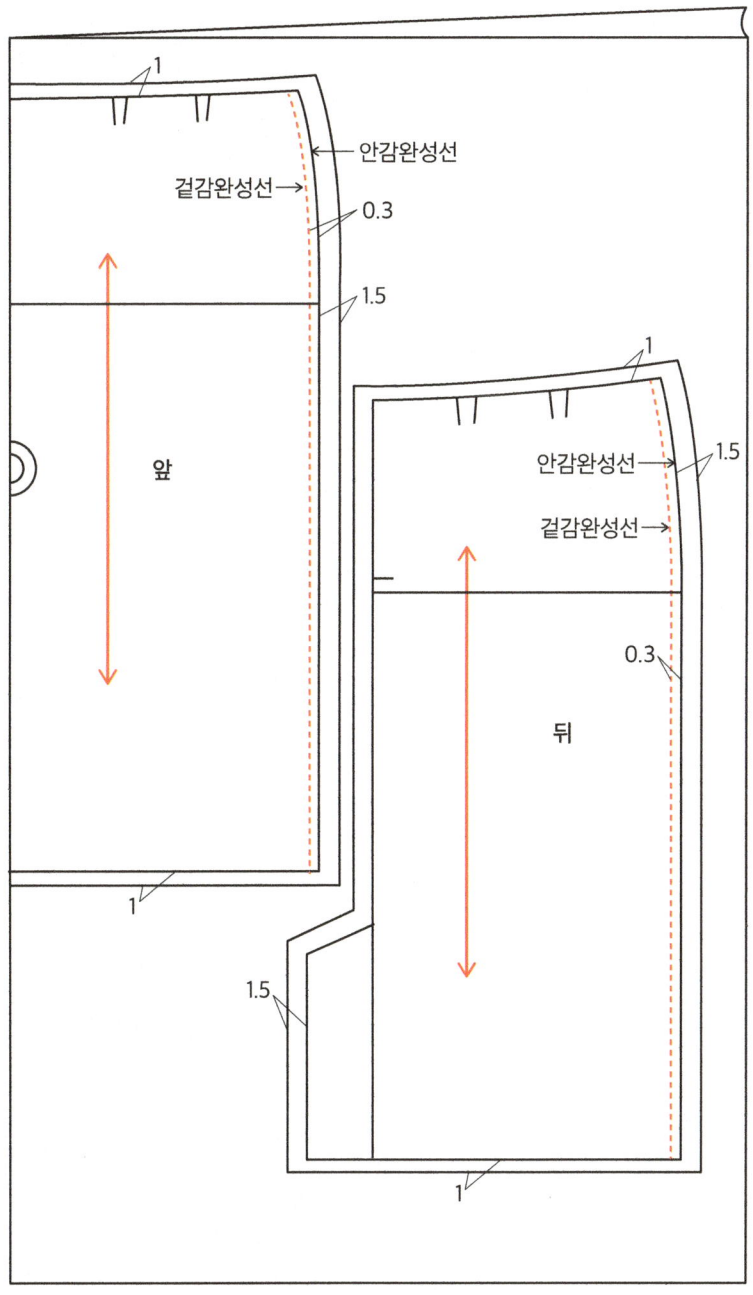

4) 스커트 봉제

A. 재단 및 완성선 표시

(1) 겉감 재단

스커트 앞판, 뒷판, 앞벨트, 뒷벨트를 식서방향에
맞춰 재단한다.

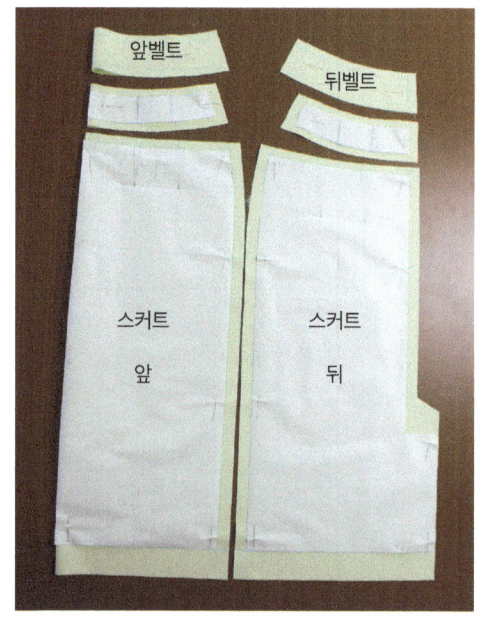

(2) 완성선 표시

수성펜으로 완성선을 표시해주고 실표뜨기로 다
트를 표시한다. 엉덩이둘레선(H.L)은 사진과 같이
가로로 표시한다.

● 위쪽 옷감을 살짝 들고, 가위 방향은 바깥쪽을
향하게 한다. 옷감이 잘리거나 실이 빠지지 않
도록 주의해서 옷감 사이의 실을 자른다.

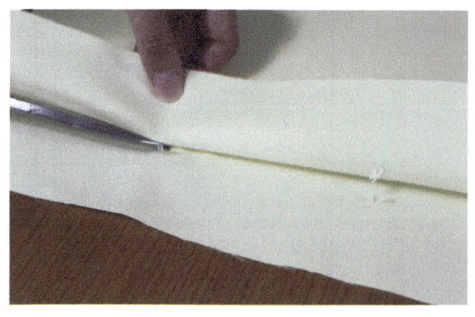

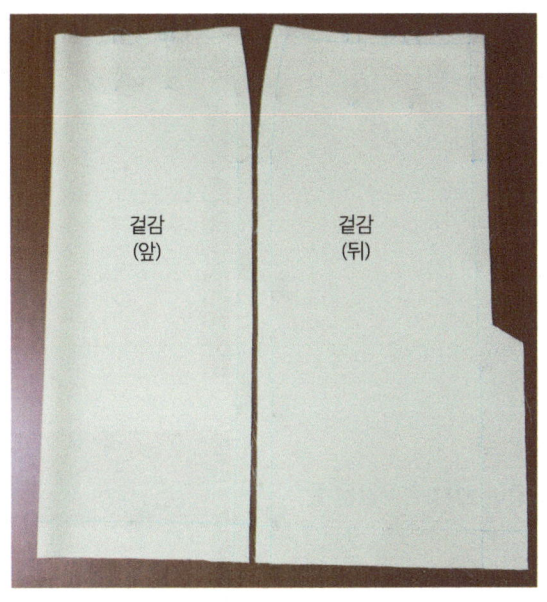

〈스커트 겉감 실표뜨기〉

(3) 안감과 바이어스감 재단

안감 밑단 시접은 1cm. 나머지 시접은 겉감과 동
일하다.

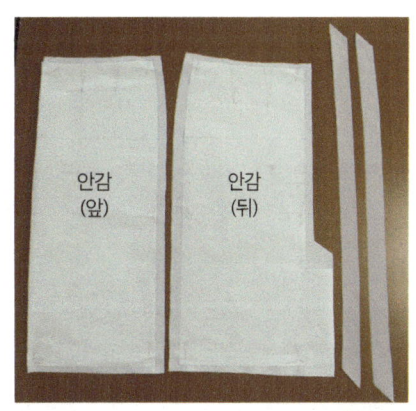

● 겉감 밑단시접을 감싸서 박아주기 위해 필요
한 바이어스감 재단(원단의 45도 방향으로 폭
3~4cm).

73

(4) 안감 실표뜨기

안감의 옆선 완성선은 약 0.3cm 옆선쪽으로 표
시한다.

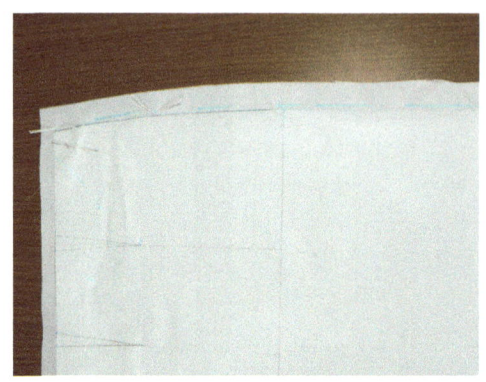

(5) 안감 뒤트임

겉감 트임에 맞춰 사진과 같이 안감 왼쪽감을 잘
라준다.

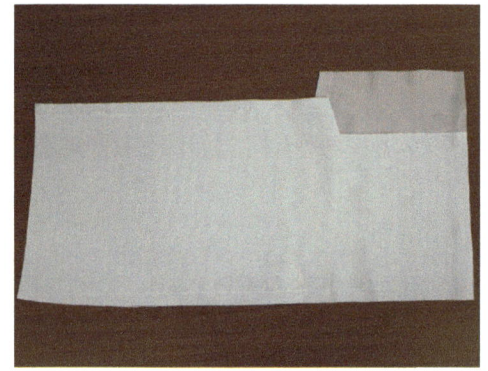

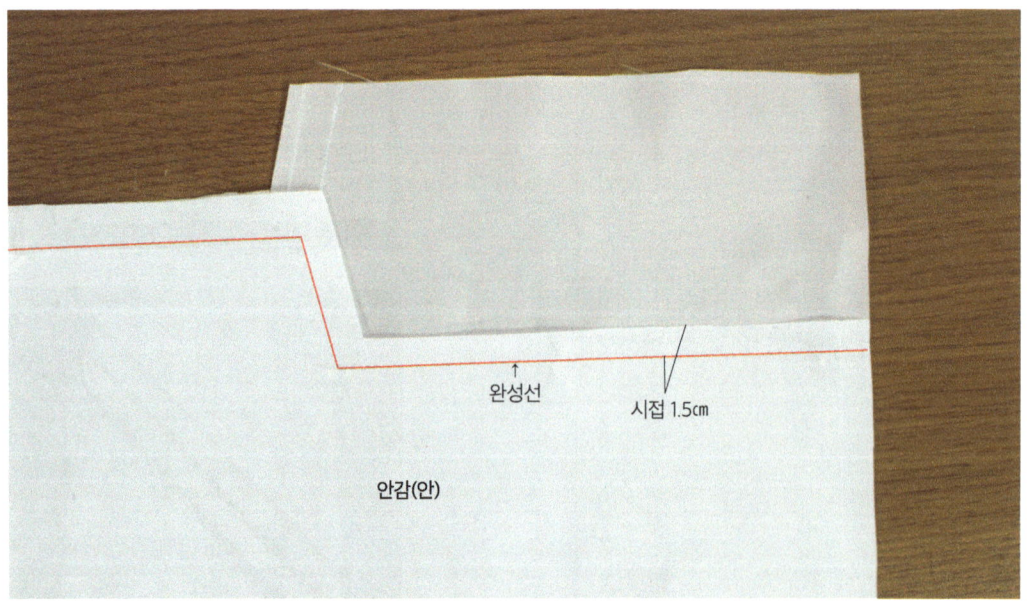

완성선
시접 1.5cm
안감(안)

〈뒤트임 확대 사진〉

B. 심지 붙이기

(1) 심지부착: 앞·뒤벨트, 지퍼 위치, 뒤트임

※ 심지의 식서방향은 겉감과 동일하며, 겉감보다 크지 않게 재단한다.

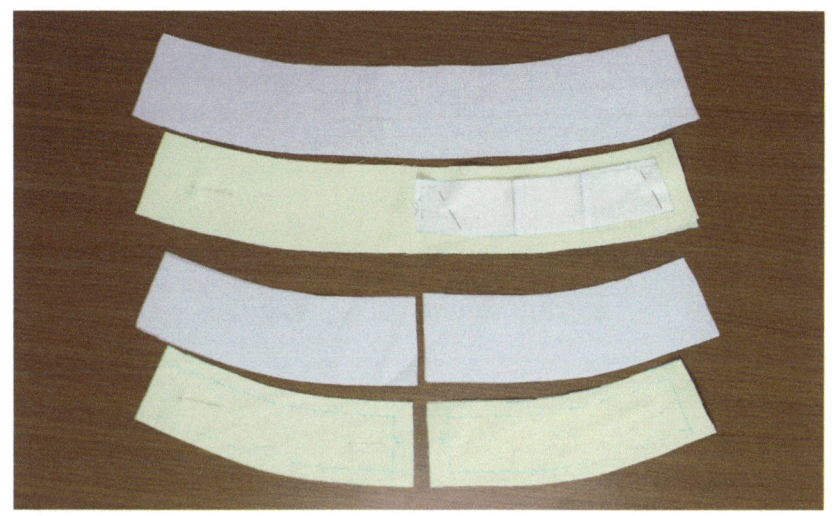

뒤판 - 좌)지퍼위치에 심지 부착

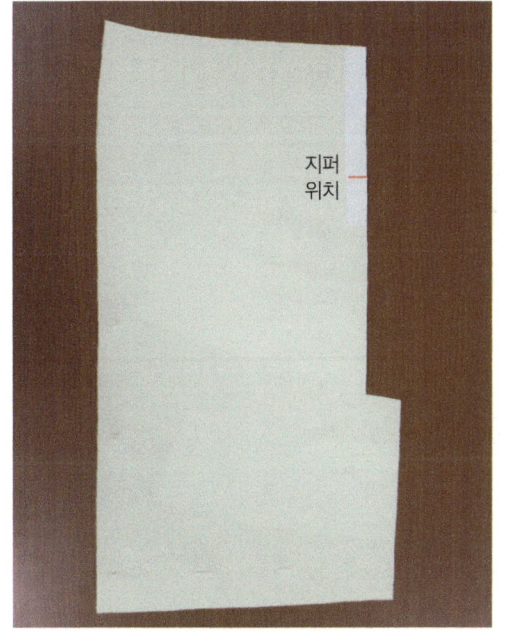

뒤판 - 우)위치와 뒤트임에 심지 부착

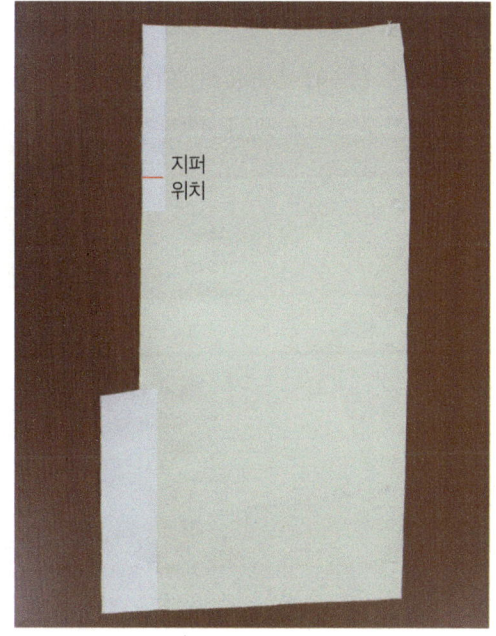

(2) 벨트는 심지를 부착 후 완성선 표시

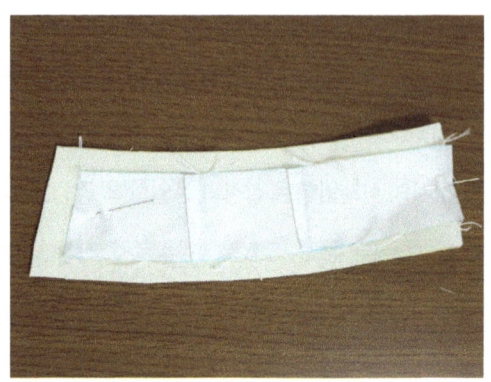

(3) 벨트 위쪽 허리 완성선 아래에 다데테이프 부착

● 곡선 벨트 위쪽에 식서(다데)테이프를 붙여야 허리둘레가 커지는 것을 방지 할 수 있다.

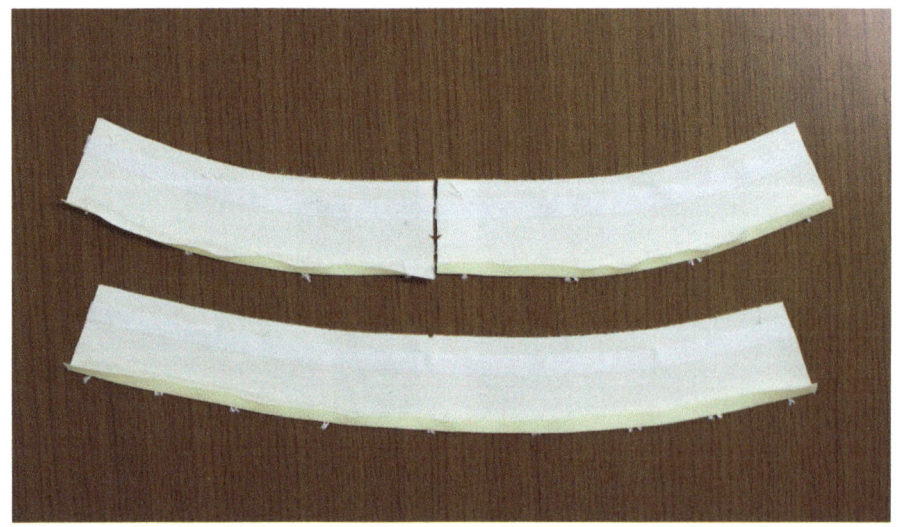

(4) 겉감 옆선박기

앞뒤판을 겉끼리 맞대고 완성선을 박은 후 가름솔로 다려준다.

(5) 겉감 벨트 연결

벨트와 스커트를 겉끼리 맞대고 박은 후, 시접은 벨트쪽으로 다림질한다.

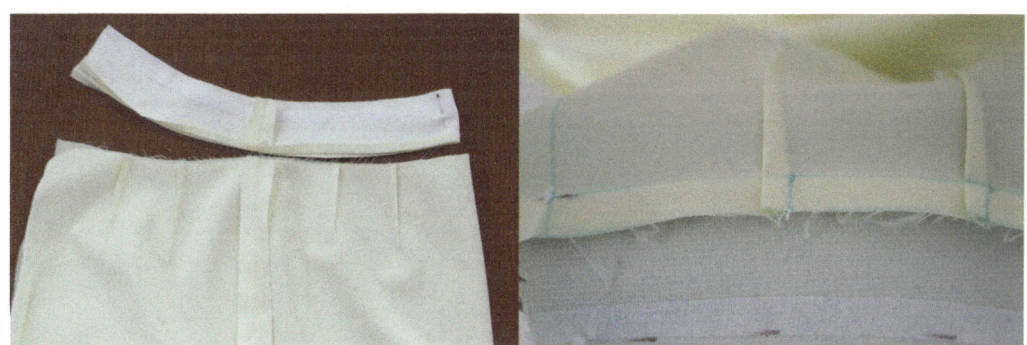

(6) 겉감 지퍼달기

① 콘실지퍼 이빨을 다려 펴준다.

② 콘실지퍼 이빨 끝을 접어 벨트 완성에 표시한 후 맞춘다.

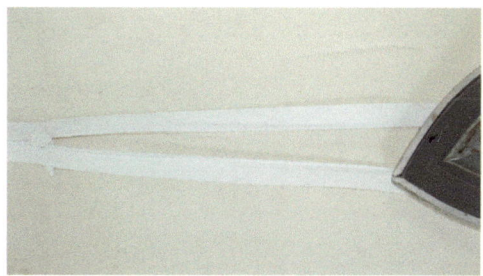

③ 외노루발로 교체 후, 지퍼 이빨 바로 옆을 위에서 아래 방향으로 봉제한다.

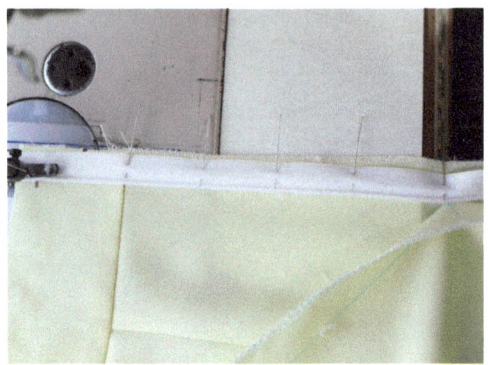

④ 왼쪽 지퍼를 박아준 후, 지퍼를 올려 오른쪽 지퍼 시접에 맞춤 표시한다.

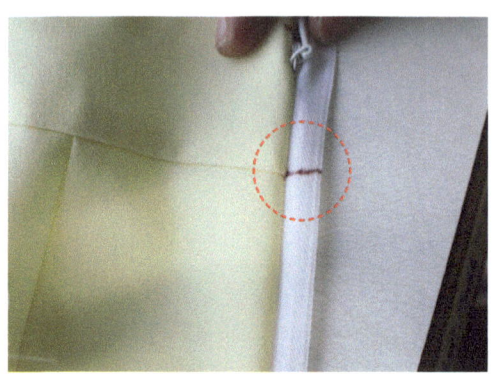

⑤ 오른쪽 지퍼시접을 스커트에 고정한하여 아래에서 위쪽으로 박음질한다.

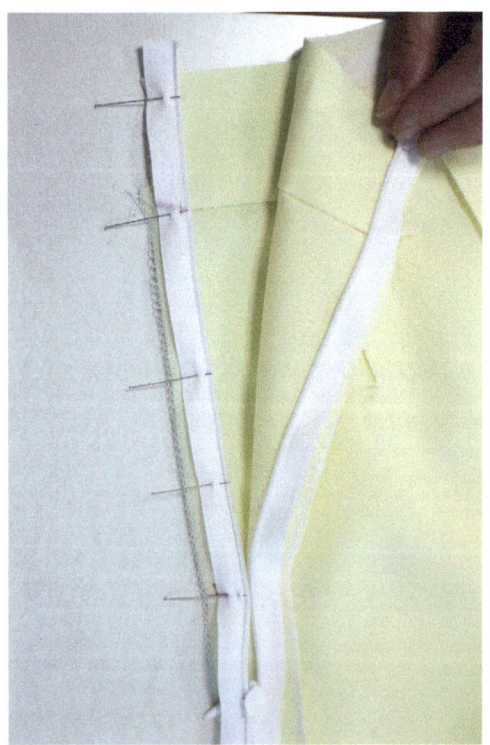

⑥ 지퍼를 박고 난 후, 지퍼 슬라이드(지퍼머리)를 위로 올려 닫고 이상이 없는지 확인한다.

(7) 겉감 밑단 바이어스 박기

① 바이어스감을 사진과 같이 맞댄 후 박는다.

② 시접을 가름솔로 다림질 후, 튀어나온 시접을 잘라준다.

③ 바이어스감과 원단 겉을 맞대고 0.5cm 간격으로 박는다.

④ 바이어스감을 안쪽으로 넣은 후 겉에서 상침한다.

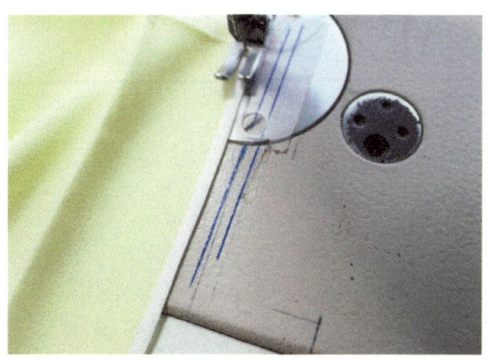

(8) 겉감 뒤트임 만들기

① 왼쪽 트임을 겉쪽으로 접고 밑단 완성선을 박는다. (밑단보다 0.2cm 아래쪽으로 박아야 짧아지지 않는다.)

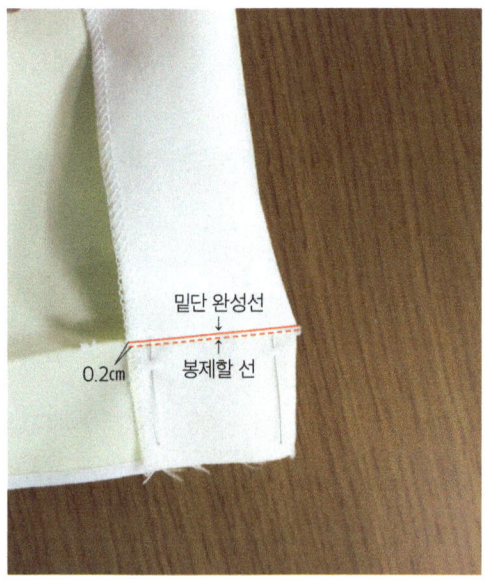

② 오른쪽 트임은 밑단시접을 겉쪽으로 접고 세로선 시접을 박는다.

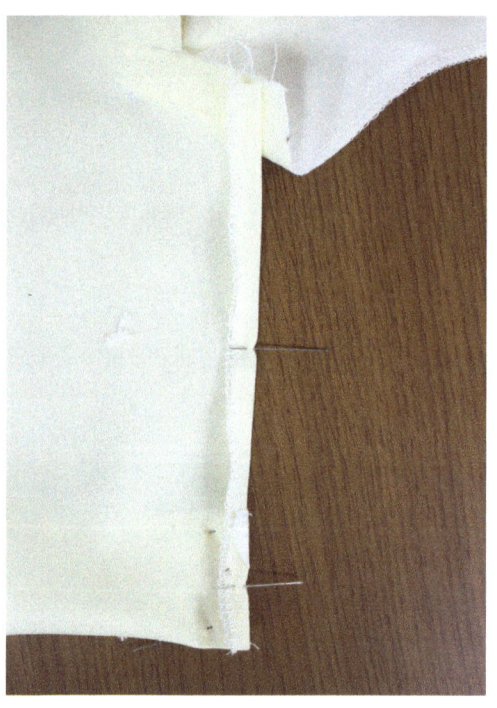

③ 트임 양쪽 모두 뒤집어 다림질한다.

C. 안감 봉제

(1) 안감 뒷중심선 박기

① 뒤중심선 지퍼아래쪽에서 트임 시작 위치까지 박는다.

② 안감 오른쪽 'ㄱ'자 시접에 가윗밥 넣고 안쪽에서 왼쪽 윗시접과 박기

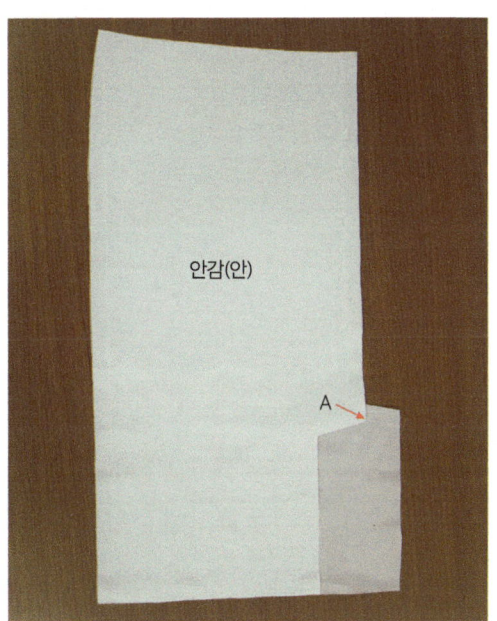

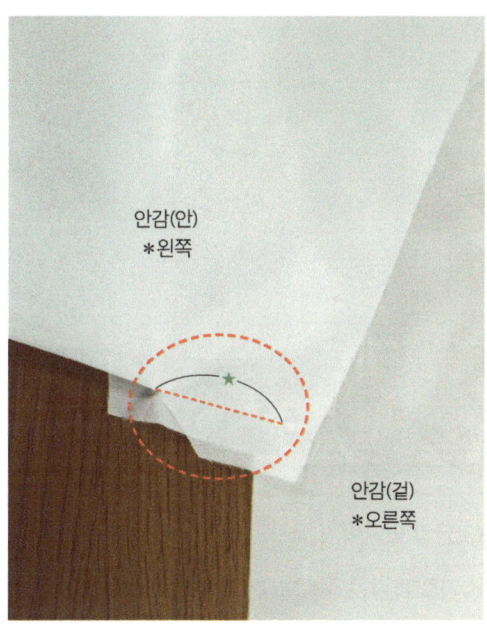

③ 안감 뒤트임 겉에서 본 모습

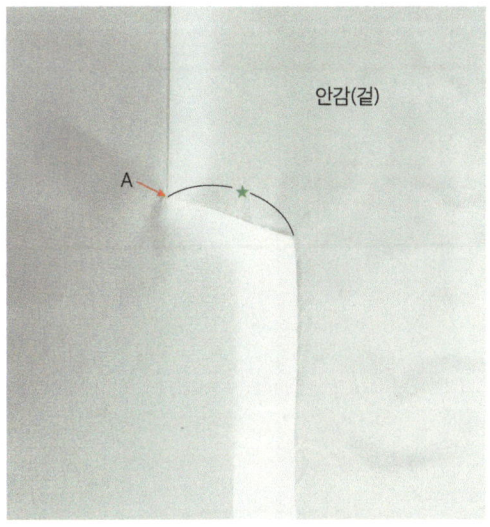

(2) 안감 옆선박기

① 안감 옆선 박고 시접을 오버록한다.

② 안감 시접을 뒤판쪽으로 다린다.

(3)안감 밑단박기

스커트 안감은 겉감보다 2.5cm 짧게 완성할 수 있도록 두 번 접어 박는다.

(4) 안단과 안감연결

안단과 안감을 연결한다. 안감 다트는 윗선만 접 어서 안단과 박는다.

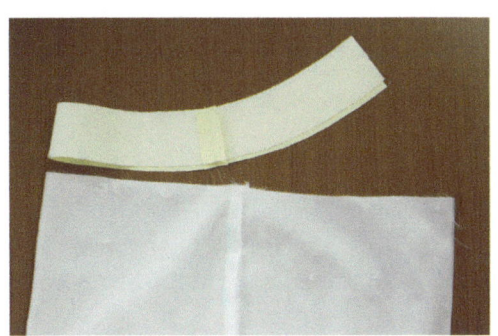

*안감 다트 처리 방법

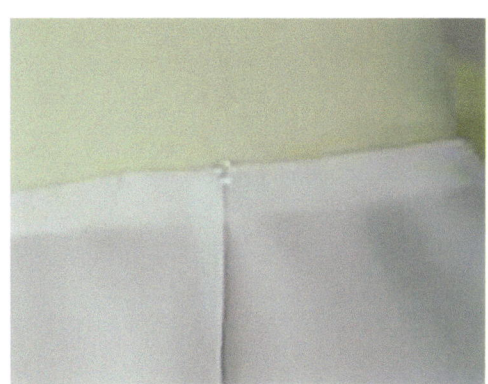

D. 겉감, 안감 연결

(1) 안감 지퍼에 연결

① 지퍼를 열어놓은 상태에서 겉·안감을 겉끼리 맞 대고, 안감의 완성선에 겉감 지퍼 시접 끝을 맞추기

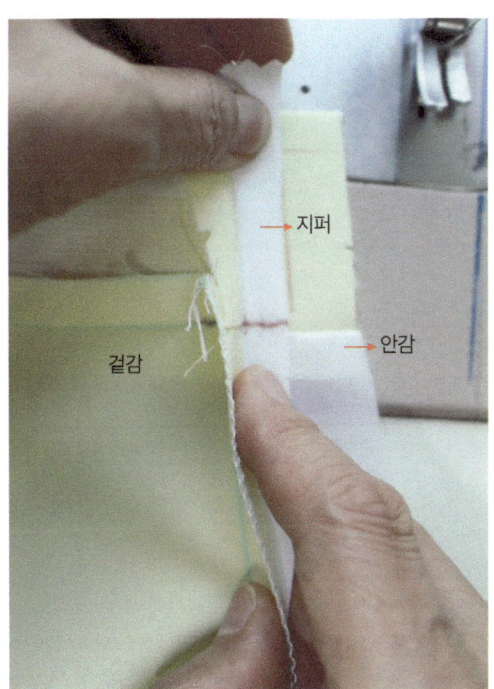

② 지퍼시접의 가운데를 트임 위치까지 박기

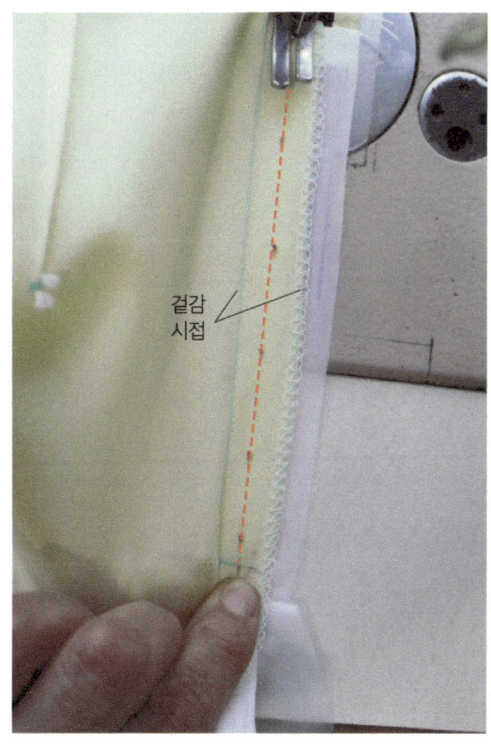

③ 안감의 겉쪽에서 틀어지거나 좌우위치가 잘 맞는지 확인한다.

④ 안쪽에서 겉감과 안단을 겉끼리 맞대고 겉감·안감 허리선 박는다.

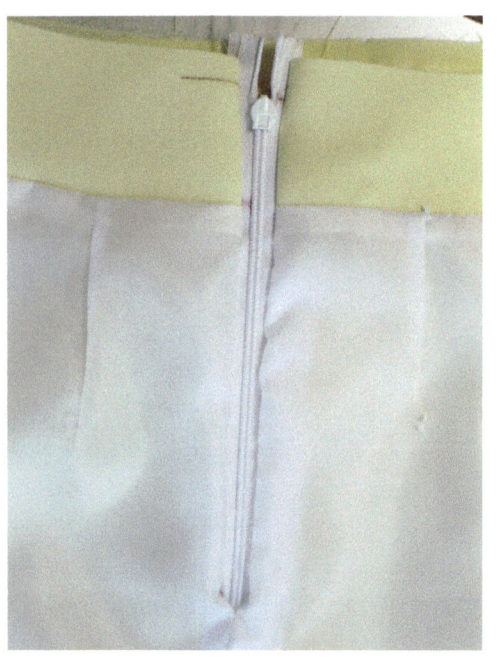

⑤ 지퍼를 안단과 안감쪽으로 꺾어서 박는다.

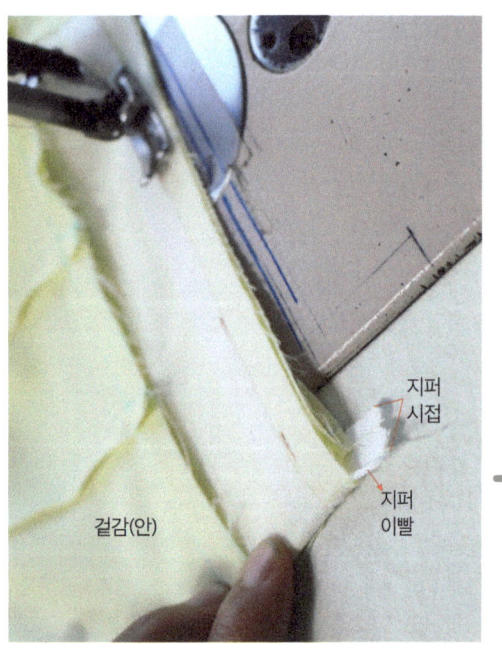

*겉감, 안감 허리선 연결 완성.

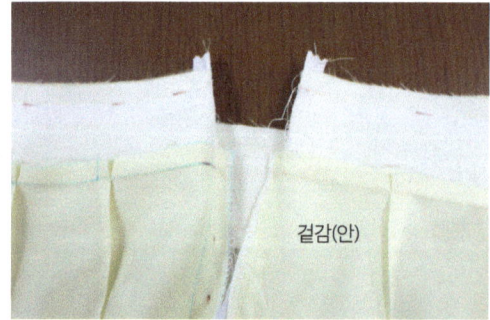

⑥ 지퍼시접은 잘라내고 벨트시접 꺾어 뒤집는다.

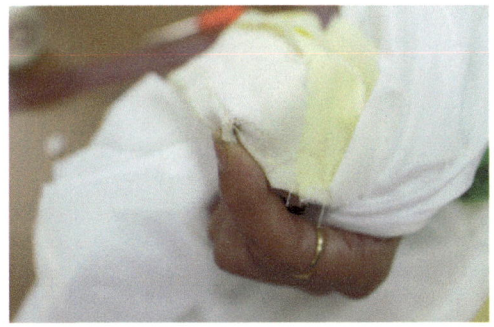

⑦ 지퍼끝을 정리한다.

(2) 안단 누름상침

① 허리 시접을 안단쪽으로 보낸 후 0.2cm 간격
으로 박는다.

② 안단 누름상침 후 허리선을 다림질한다.

(3) 벨트 고정

① 안단쪽에서 시침질로 벨트를 고정한다.

② 겉쪽에서 벨트 아랫선을 숨은 상침한다.

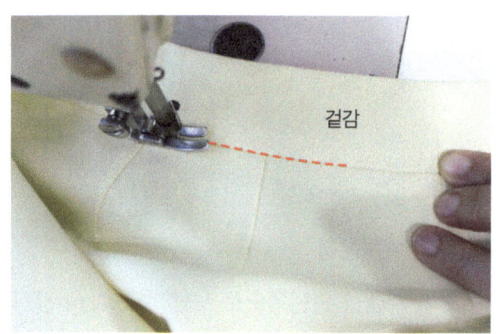

③ 숨은 상침을 하면 겉감과 안감의 허리선쪽이
벌어지지 않고, 안정적으로 고정이 된다.

(4) 안감 뒤트임 겉감에 고정

① 안감 시접을 접어 겉감에 핀으로 고정 시킨 후

겉감 밑단 끝까지 박는다.

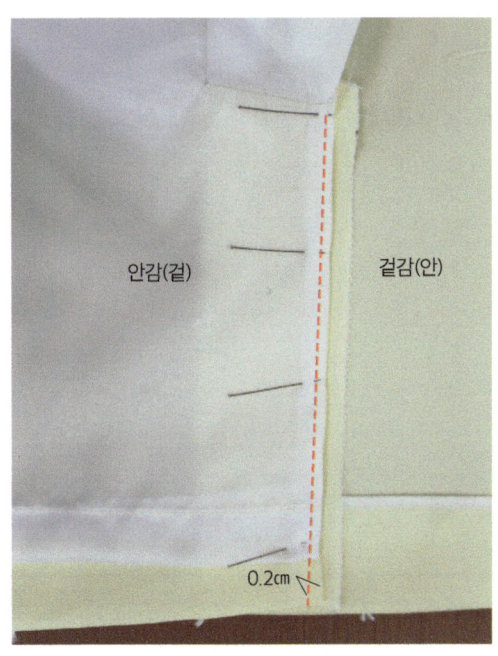

② 안감 오른쪽 뒤트임 시접과 겉감 시접을 안감 밑

단까지 박는다.

③ 뒤트임 완성

(5) 밑단 손바느질

① 밑단을 시침질 또는 시침핀으로 고정한다.

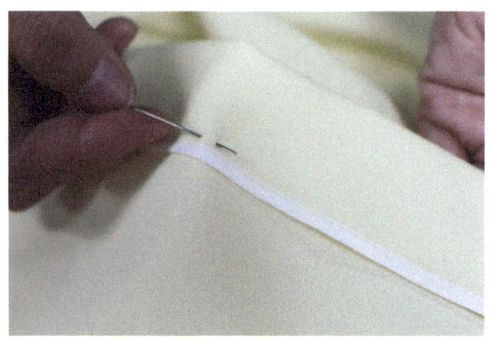

② 밑단 바이어스를 겉감에 고정하기 위해 공그르기를 한다.

③ 뒷판 밑단 세로 시접을 감침질로 고정한다.

안감(겉)

④ 밑단쪽 안감을 시접이 보이지 않게 1.5cm정도 공그르기로 막는다.

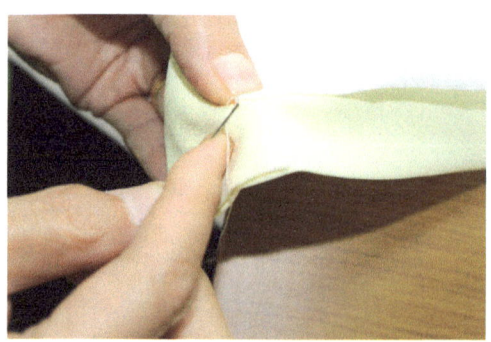

(6) 실고리(실루프) 만들기

① 겉감 옆선 시접에서 실고리 만든다. 안감이 돌아가는 것을 방지하기 위해 실고리를 만든다.

② 실고리는 약 3~4cm 길이로 만든다.

③ 실고리를 안감에 고정한다.

〈완성된 안쪽 모습〉

스커트 완성 작품

초 보 자 를 위 한 여 성 복 제 작

팬츠

1. 팬츠 종류

1) 팬츠 길이에 따른 종류

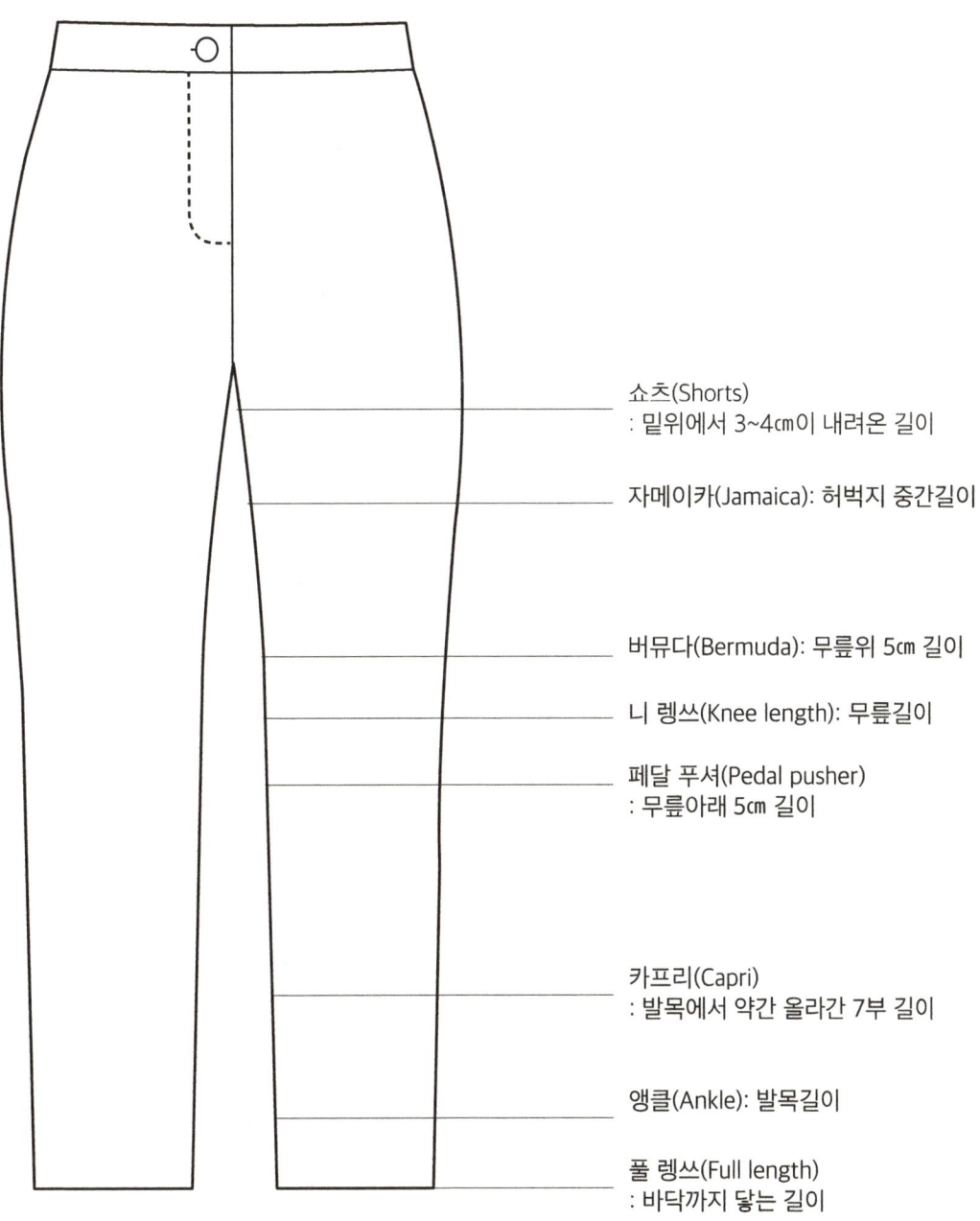

쇼츠(Shorts)
: 밑위에서 3~4㎝이 내려온 길이

자메이카(Jamaica): 허벅지 중간길이

버뮤다(Bermuda): 무릎위 5㎝ 길이

니 렝쓰(Knee length): 무릎길이

페달 푸셔(Pedal pusher)
: 무릎아래 5㎝ 길이

카프리(Capri)
: 발목에서 약간 올라간 7부 길이

앵클(Ankle): 발목길이

풀 렝쓰(Full length)
: 바닥까지 닿는 길이

2) 팬츠 실루엣에 따른 종류

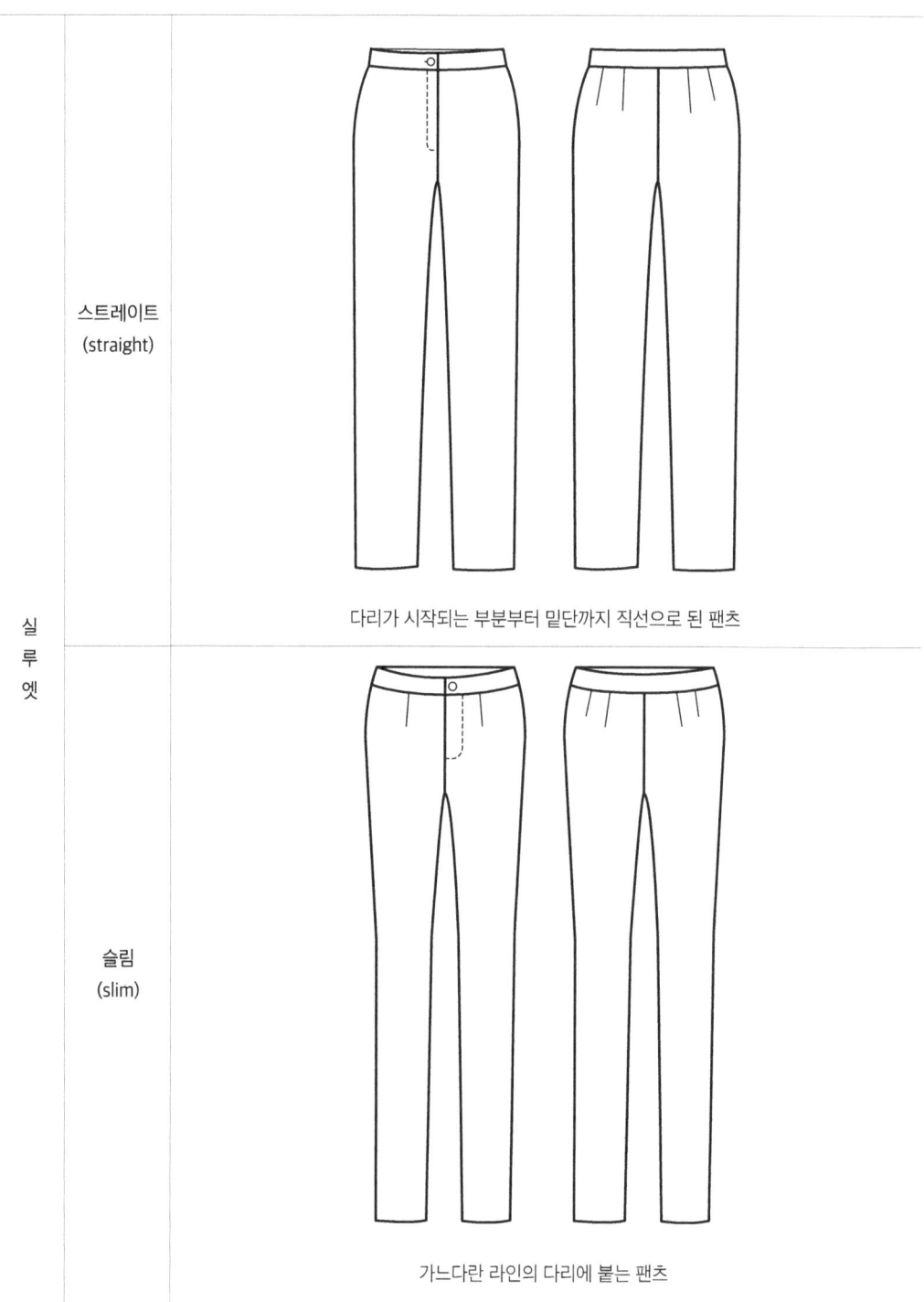

| 실루엣 | 스트레이트
(straight) | 다리가 시작되는 부분부터 밑단까지 직선으로 된 팬츠 |
| | 슬림
(slim) | 가느다란 라인의 다리에 붙는 팬츠 |

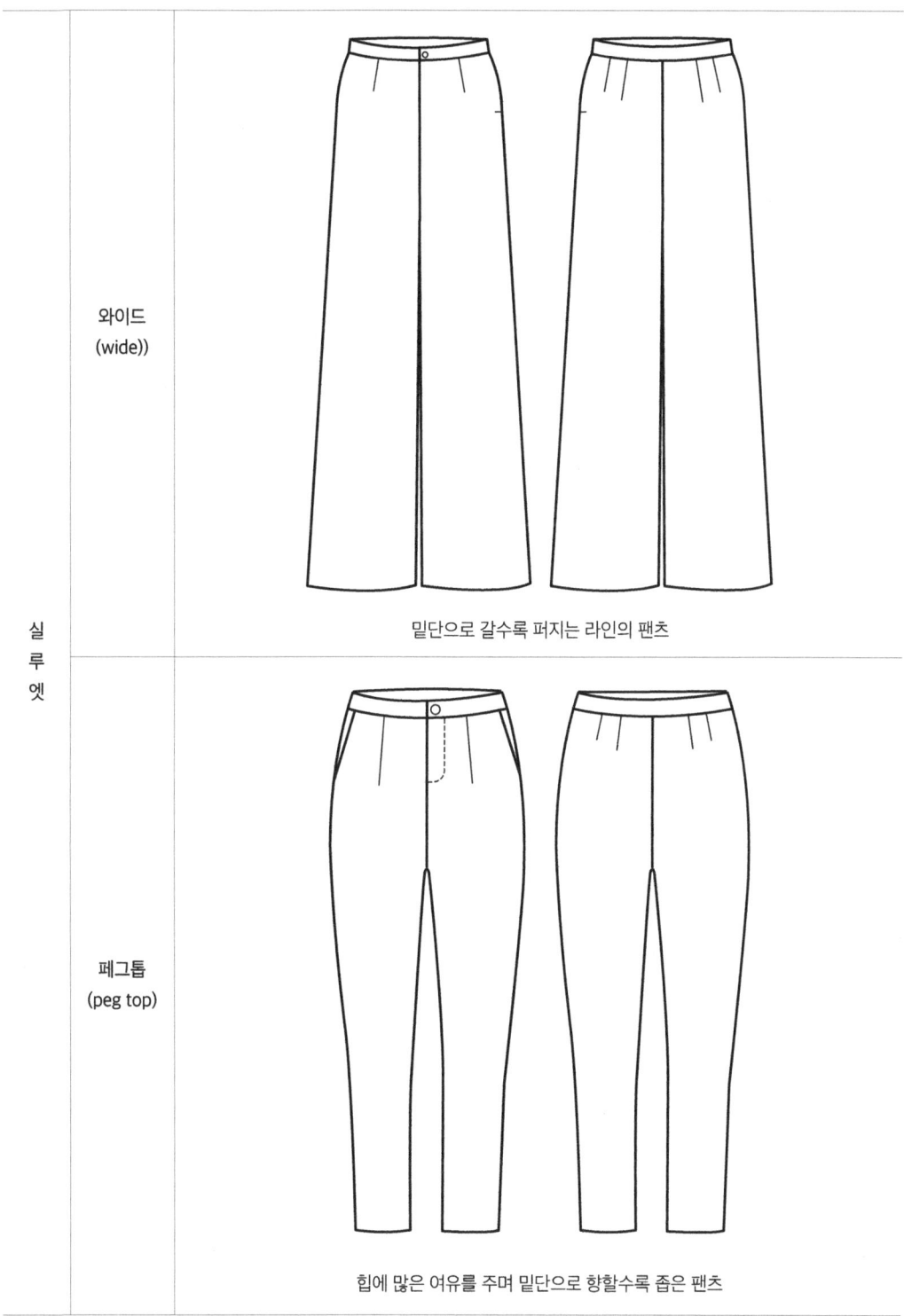

실
루
엣

와이드
(wide))

밑단으로 갈수록 퍼지는 라인의 팬츠

페그톱
(peg top)

힙에 많은 여유를 주며 밑단으로 향할수록 좁은 팬츠

2. 팬츠 기본원형

1) 팬츠 기본원형의 부위별 명칭

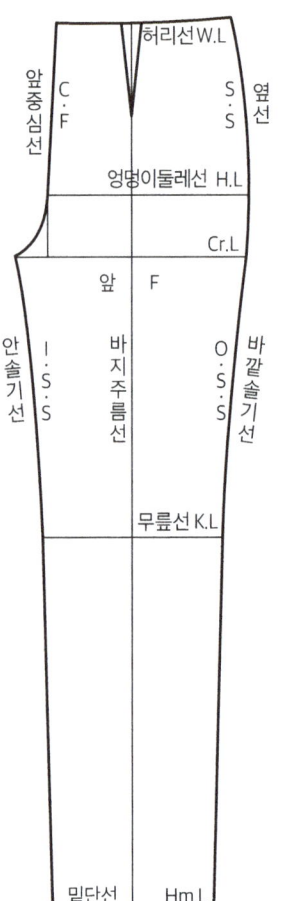
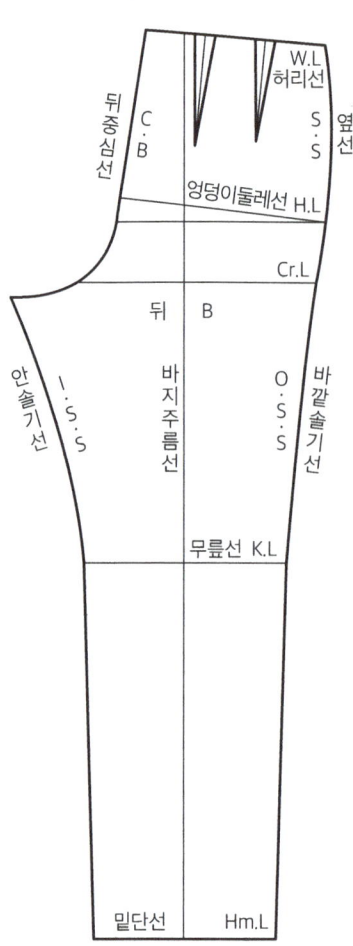

2) 팬츠 기본원형의 인체 치수와 완성 치수

항목	인체치수	완성치수	비고
허리둘레	66cm	66cm	가장 잘록한 허리선
엉덩이둘레	88cm	92cm	여유량 4cm
엉덩이길이	19cm	19cm	
팬츠길이		95cm	

3) 앞판 제도

(1) 기초선 그리기

▶세로 위치 표시

① 바지길이 95cm로 수직선을 그린다.

② 허리선에서 엉덩이길이 만큼 (19cm) 내려와 엉덩이선을 표시한다.

③ 허리선에서 25cm(H/4+2~3) 내려와 밑위길이를 표시한다.

④ 밑위선에서 30cm 내려 무릎선을 표시한다.

▶가로선 그리기

① H/4+1(여유)=23 길이의 수평선을 허리선, 엉덩이선, 밑위선, 무릎선밑단선에 그려준다.

② 밑위선에서 H/16-2cm=3.5cm(앞샅폭) 길이만큼 선을 연장한다.

③ 밑위선 전체를 2등분 한 후, 허리선에서 밑단선까지 수직선을 그려준다.

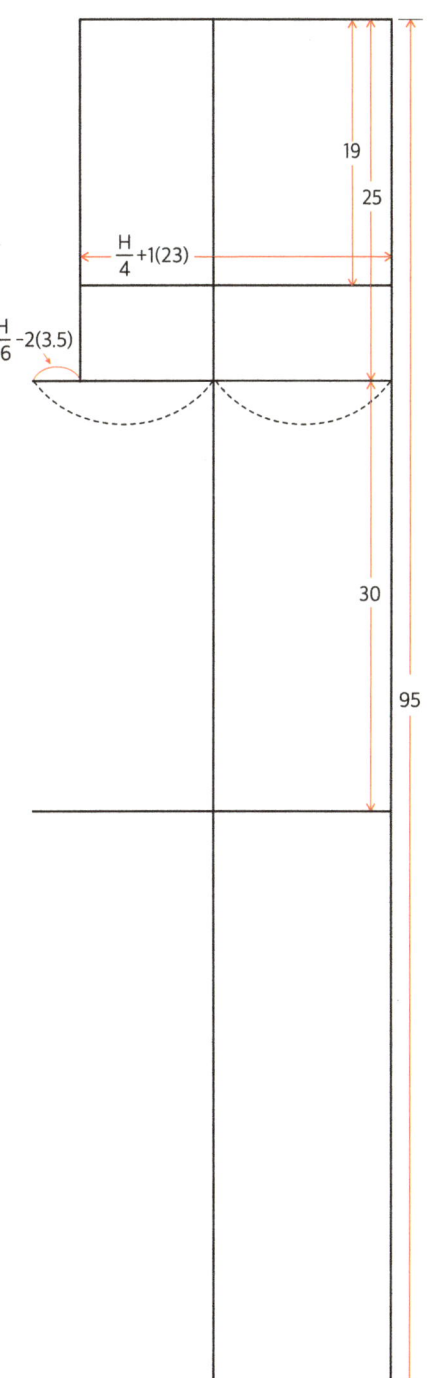

(2) 앞중심선 그리기

① 허리선에서 1cm 들어간 점과 엉덩이선까지 직선으로 연결한다.

② 엉덩이선에서 밑위선 끝과 사선으로 연결 후 이등분한다.

③ 이등분한 점과 A를 직선으로 연결하고 3등분한다.

④ 1/3지점을 지나는 곡선을 밑위선에서 엉덩이선까지 자연스럽게 연결한다,

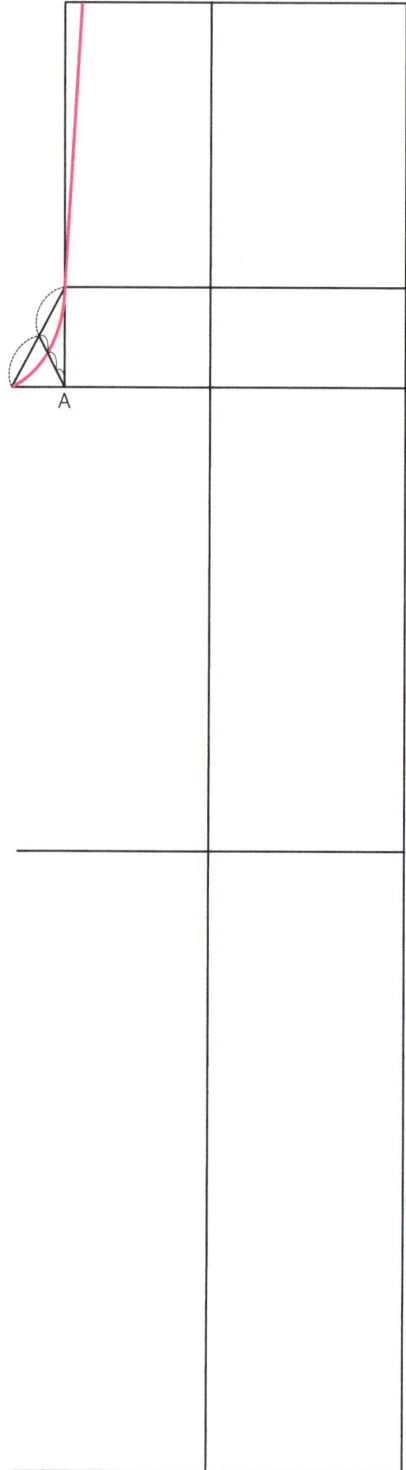

(3) 허리 완성선 그리기

① 앞중심선에서 W/4(16.5)+0.5(이즈량)+2.5cm(다트량)=19.5cm 표시한다.

② 수직으로 0.5cm 올린 후 앞주름선과 자연스럽게 곡선으로 연결한다.

(4) 옆선 그리기

엉덩이선에서 허리선 0.5cm 위까지 곡선으로 자연스럽게 연결한다.

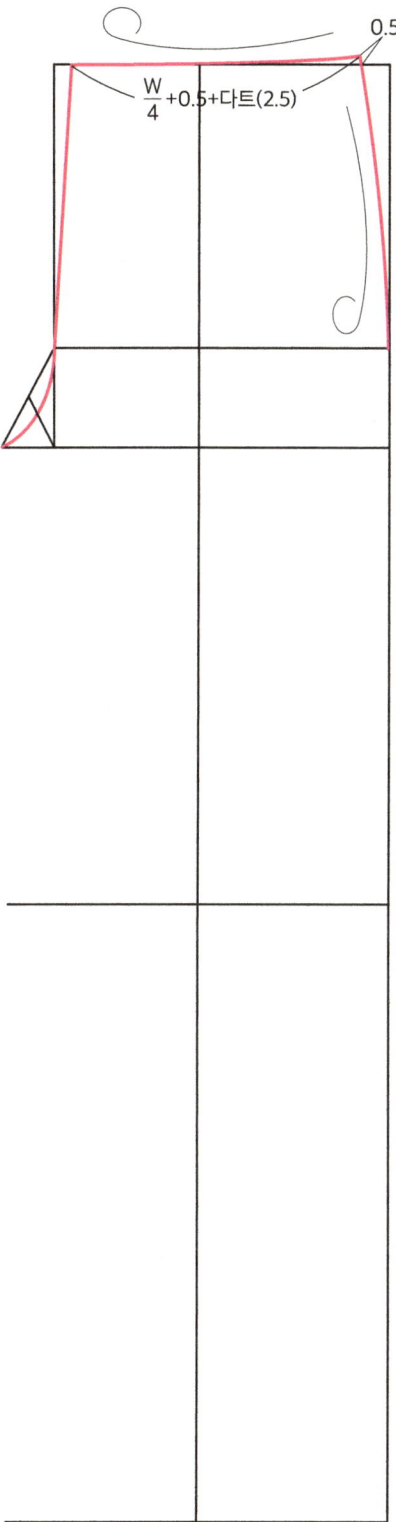

$$\frac{W}{4}+0.5+다트(2.5)$$

0.5

(5) 밑단~무릎선 연결

밑단 앞주름선을 중심으로 좌우로 9cm씩 표시하고,
무릎선은 10cm 좌우로 표시 후 밑단과 연결한다.

(6) 안솔기선 그리기

① 안쪽 무릎선에서 밑위선 끝을 사선으로 연결한다.
② 사선을 2등분 한 후 중심에서 0.6cm 들어가 표
시한다.
③ 안쪽 무릎선에서 밑위선까지 0.6cm 들어간 점
을 지나는 곡선을 그린다.

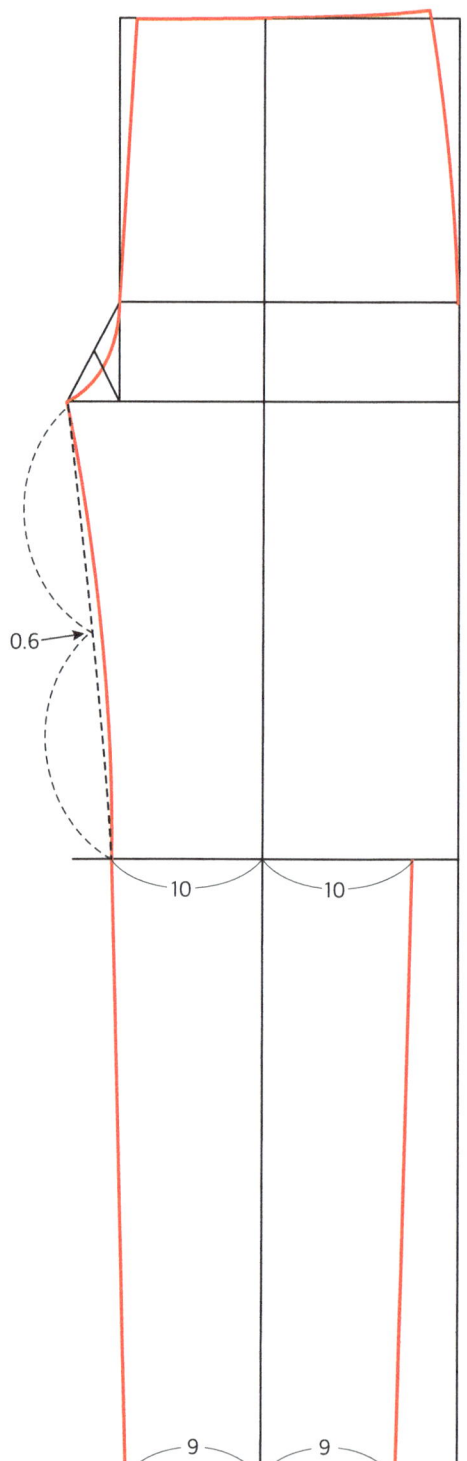

(7) 바깥 솔기선 그리기

① 바깥쪽 무릎선에서 엉덩이 선까지 직선으로 그린다.

② 무릎에서 엉덩이선까지 그린 직선을 3등분하여 무릎에서부터 1/3지점에 0.3cm들어가 표시한다.

③ 엉덩이선에 곡자의 곡진부분을 대고 밑위선에서 0.3cm 들어간 점을 지나는 곡선을 그려준다.

④ 곡자의 방향을 반대로 뒤집어 무릎쪽 바깥방향에 곡자의 곡진부분을 대고 ③번과 자연스럽게 연결한다.

(8) 다트 그리기

앞주름선을 다트 중심으로 하여 길이 10cm, 폭 2.5cm의 다트를 그려준다.

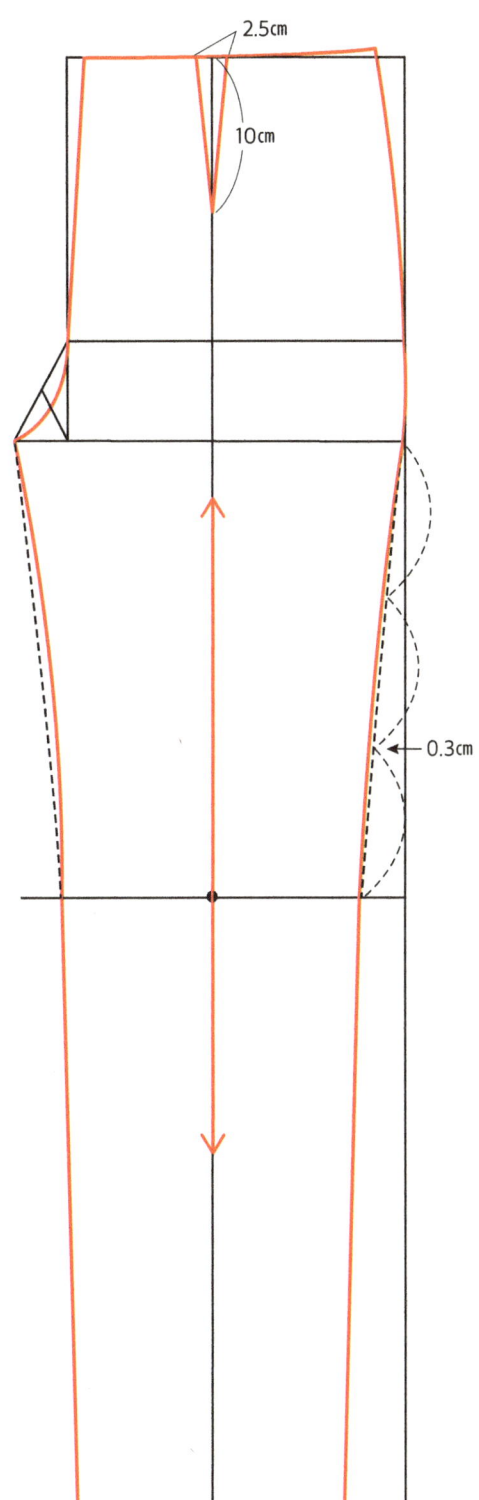

4) 앞판 패턴

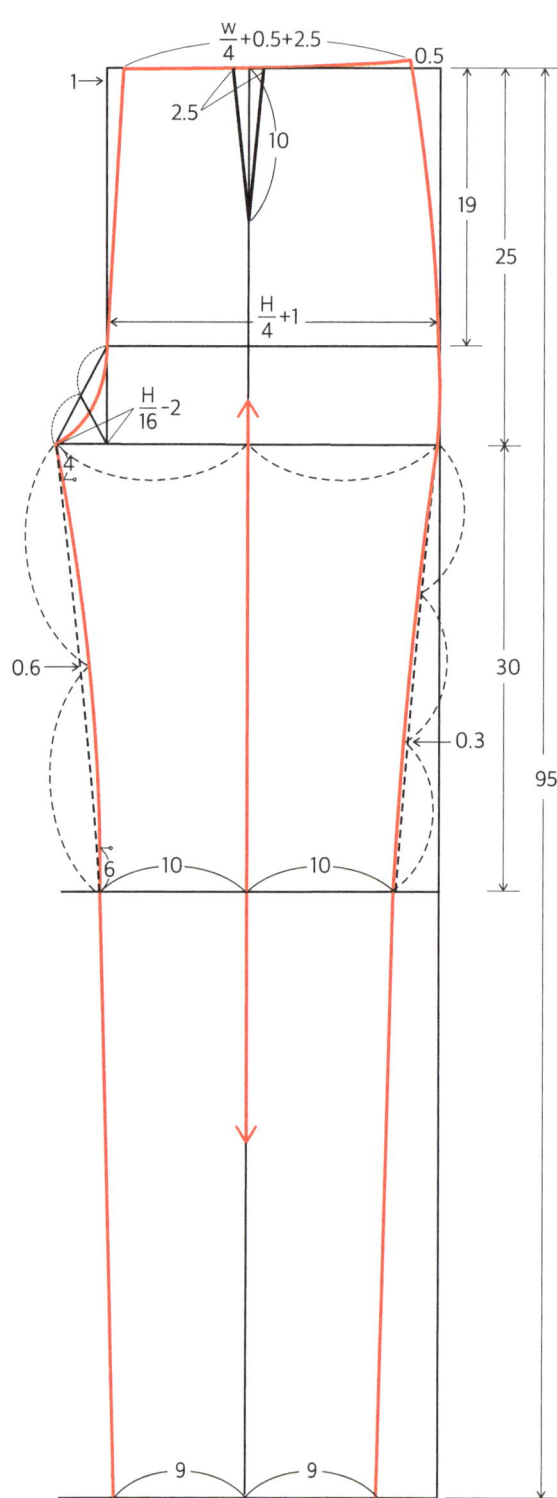

5) 뒤판 제도

(1) 뒤중심선 그리기

① 앞판 패턴을 준비하고, 앞중심을 기준으로 밑위선에서 1cm, 엉덩이선에서 2cm 들어간 점을 표시한다.

② 표시한 두점을 지나는 연장선을 허리선 위로 2cm 그린다.

(2) 뒤허리선 그리기

① 앞판의 옆선을 지나는 수평선을 허리 기초선과 평행하게 그린다.

② 뒤중심에서부터 W/4(16.5)+0.5(이즈량)+2(다트)+2(다트)=21 되는 지점을 ①번선에서 찾는다.

(3) 뒤엉덩이둘레선 그리기

① 앞판 패턴의 엉덩이선을 옆선쪽으로 연장한다.

② 앞판 엉덩이선에서 뒤중심따라 약2.5cm 올라간 점에서 엉덩이선 연장선까지 H/4+1(23)이 되는 지점까지 직선으로 연결한다. 이 선이 뒤판의 엉덩이선이다.

(4) 뒤샅둘레선 그리기

① 앞샅폭보다 6cm더 나가고 1.5cm내려서 평행선을 그린다.

② B에서 3cm위로 사선을 그린다.

③ 엉덩이선에서부터 3cm위의 점을 지나 ①번선까지 자연스러운 곡선이 될 수 있도록 그린다.

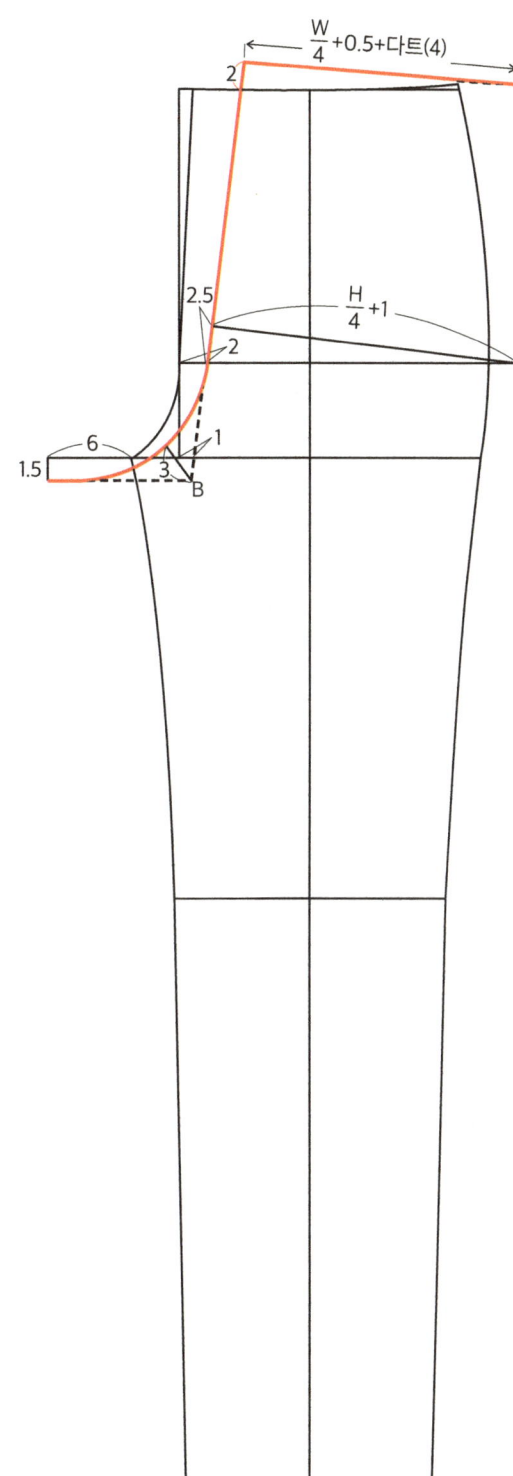

(5) 밑단 그리기

앞판패턴에서 밑단과 무릎선 모두 양쪽으로 1cm
씩 키워 그린다.

(6) 안쪽 솔기선 그리기

① 무릎선에서 뒤 샅점과 직선으로 연결 후 2등분
하고 1.3cm 들어가 표시한다.

② 뒤샅점에서 2등분에서 1.3cm들어간 지점을 지
나 무릎선까지 곡선으로 자연스럽게 연결한다.

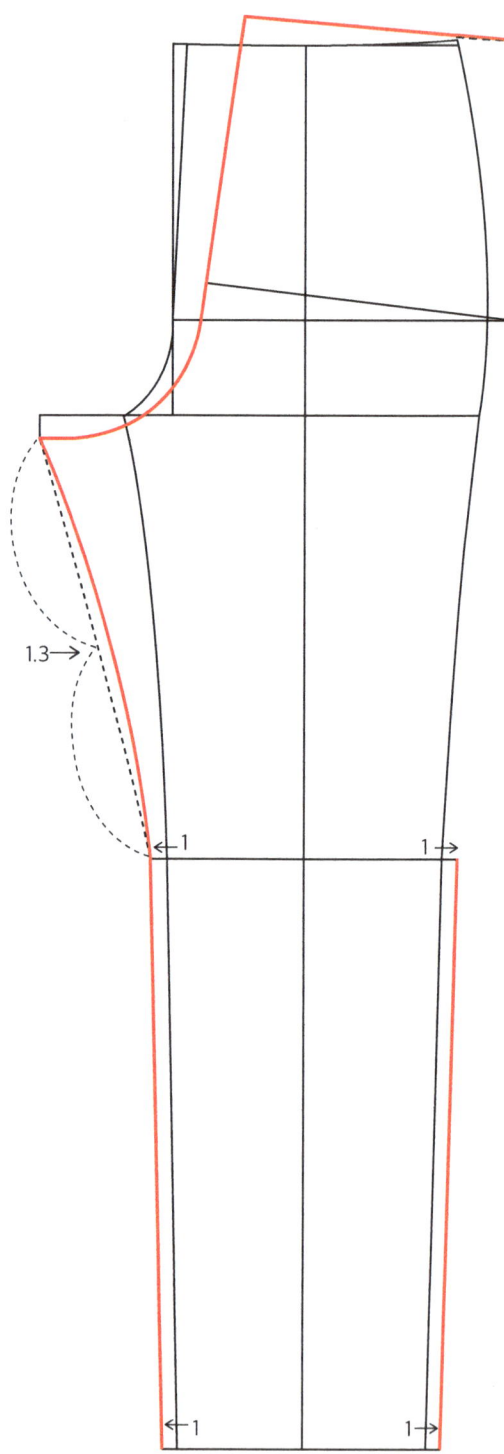

(7) 옆선 그리기

① 무릎선에서 뒤엉덩이선을 지나는 연장선을 허리 연장선까지 그린다.

② 허리선에서 뒤엉덩이선까지 곡선으로 그려준다.

③ 엉덩이선에서 무릎선까지 2등분하고 0.3cm 안으로 들어간 점을 표시한다.

④ 엉덩이선에서 무릎선까지③번 점을 지나는 곡선을 자연스럽게 그려준다.

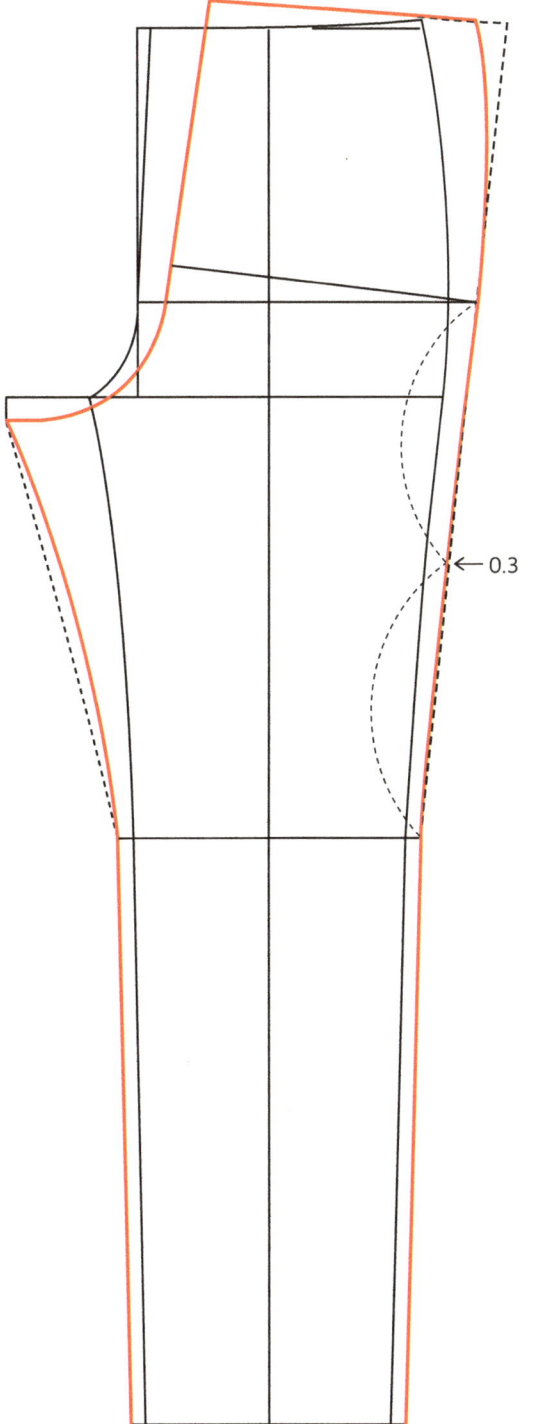

← 0.3

(8) 다트 그리기

① 뒤 허리선을 3등분 한다.

② 수직선을 중심쪽은 12cm, 옆선쪽은 11cm 내려 그린다.

③ 다트 폭 2cm를 다트중심선에서 1cm 씩 나누어 표시하고 연결하여 2개를 완성한다.

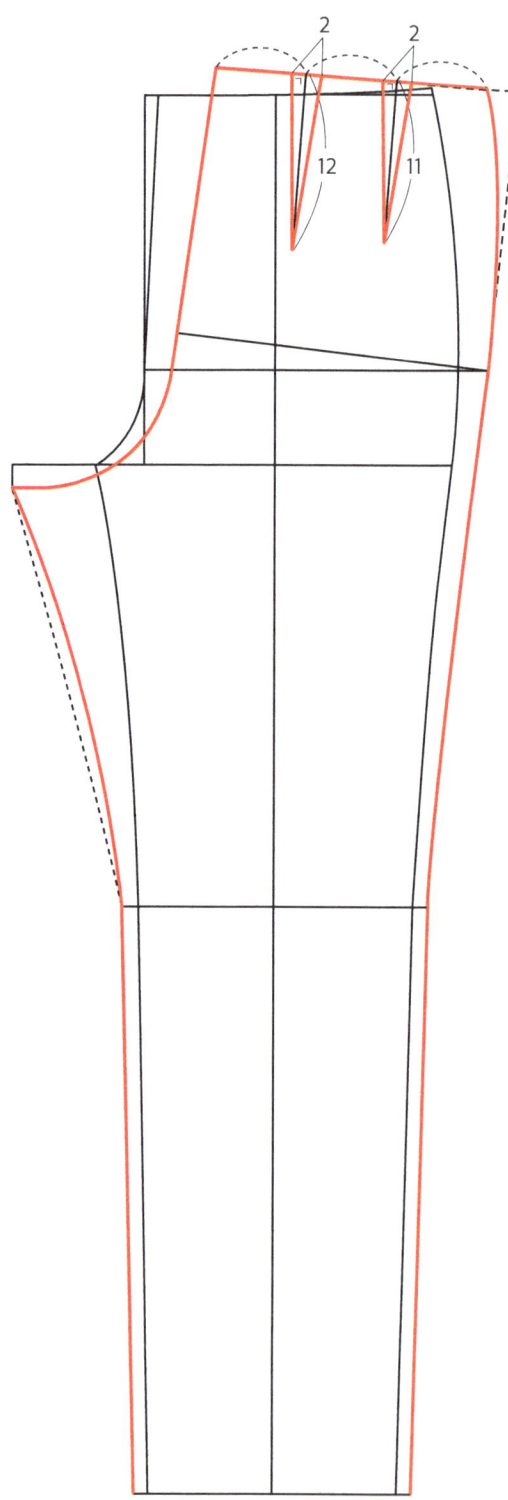

6) 뒤판 패턴

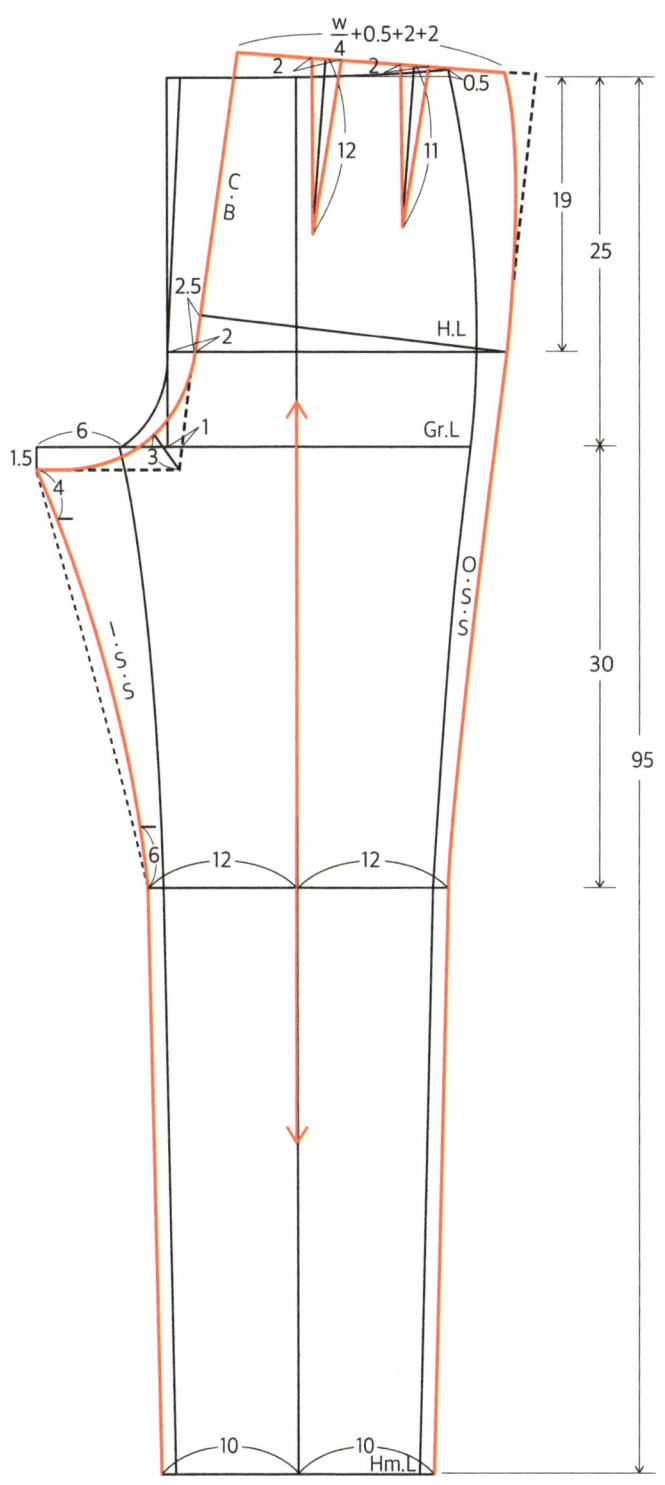

3. 팬츠 기본원형의 활용

1) 슬림팬츠

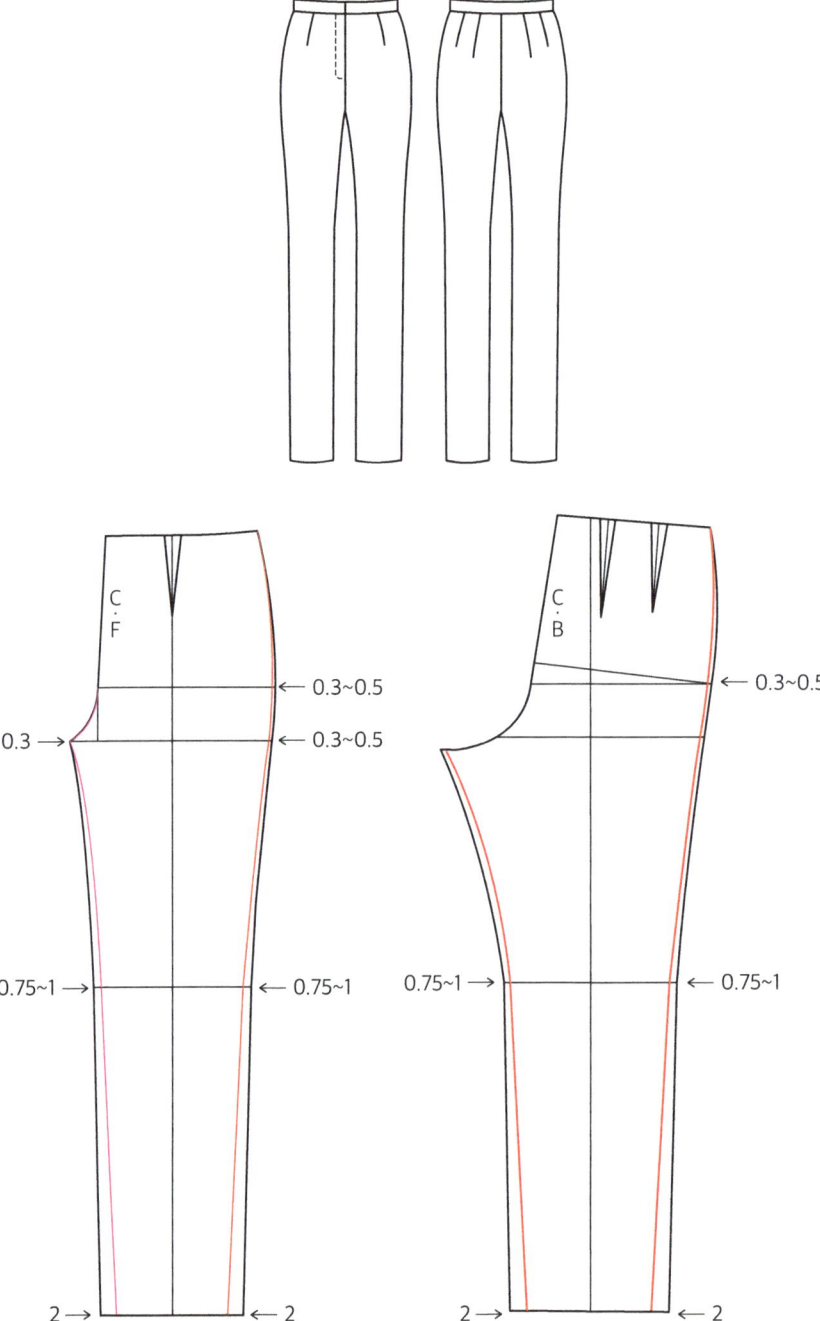

2) 스키니 팬츠

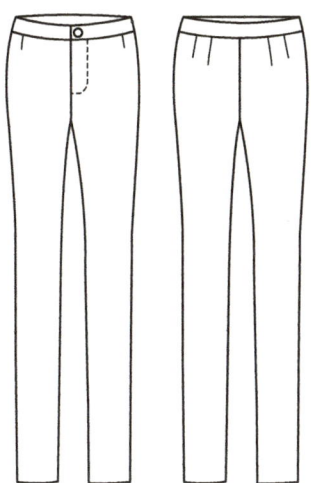

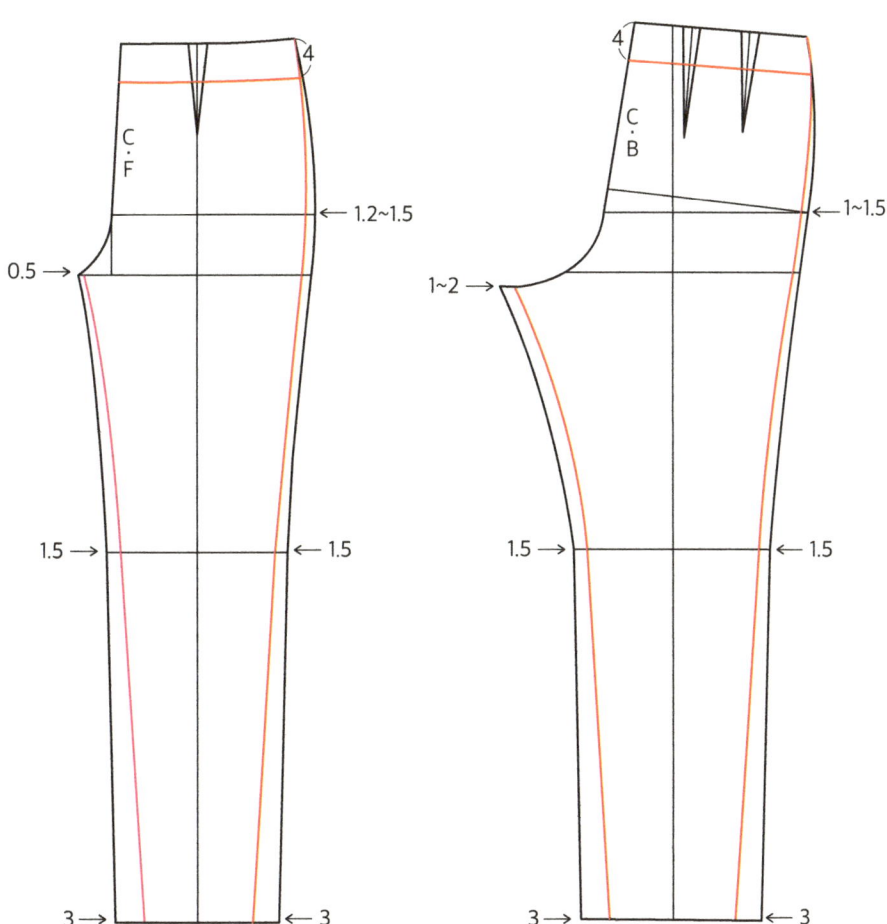

3) 부츠컷 팬츠

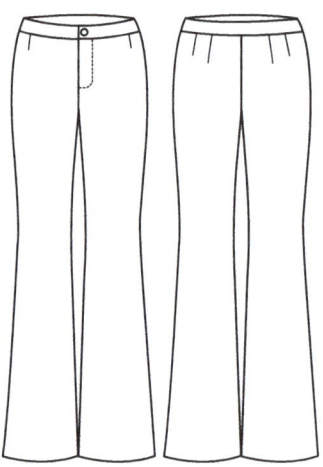

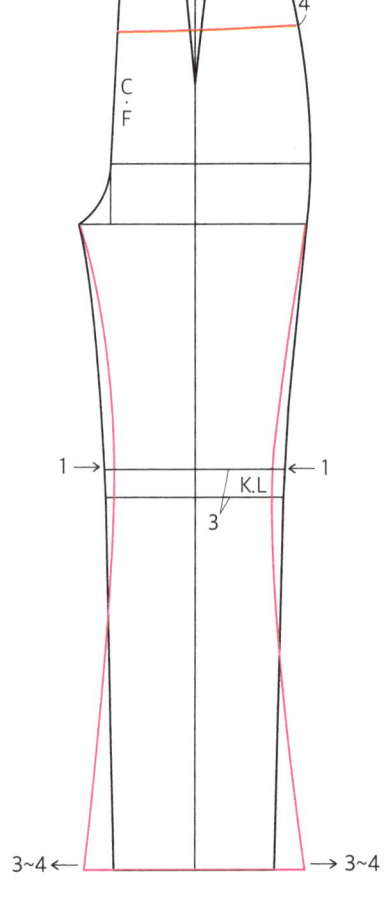

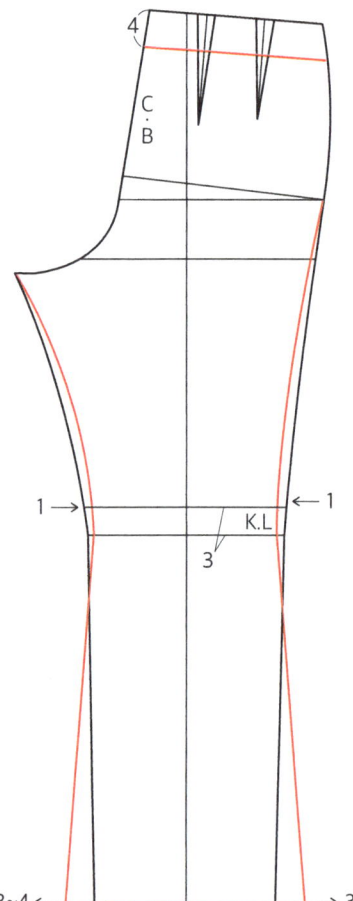

4) 페그톱 팬츠

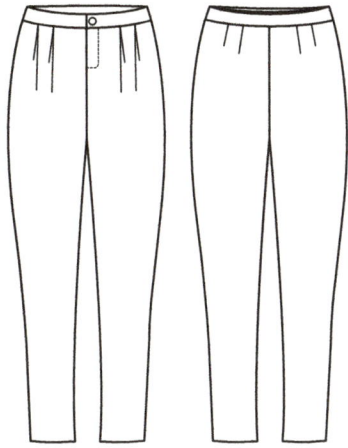

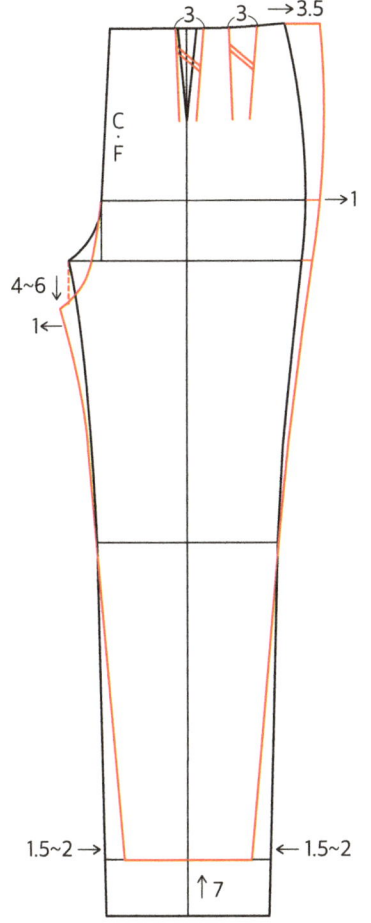

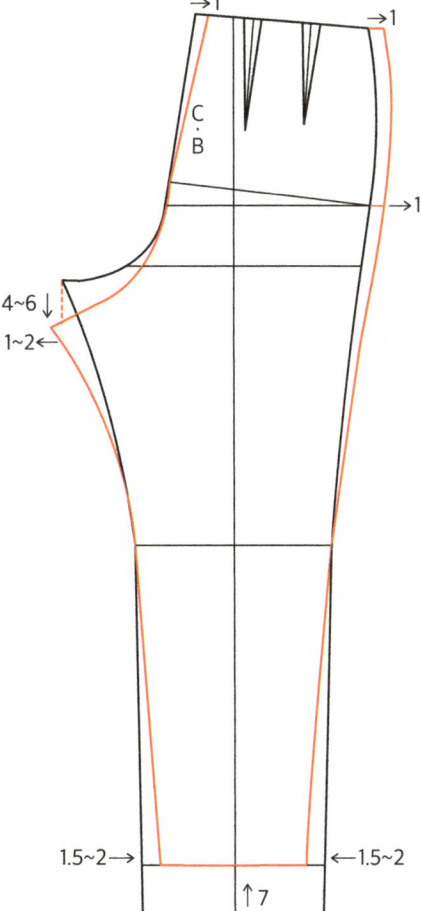

5) 와이드 팬츠

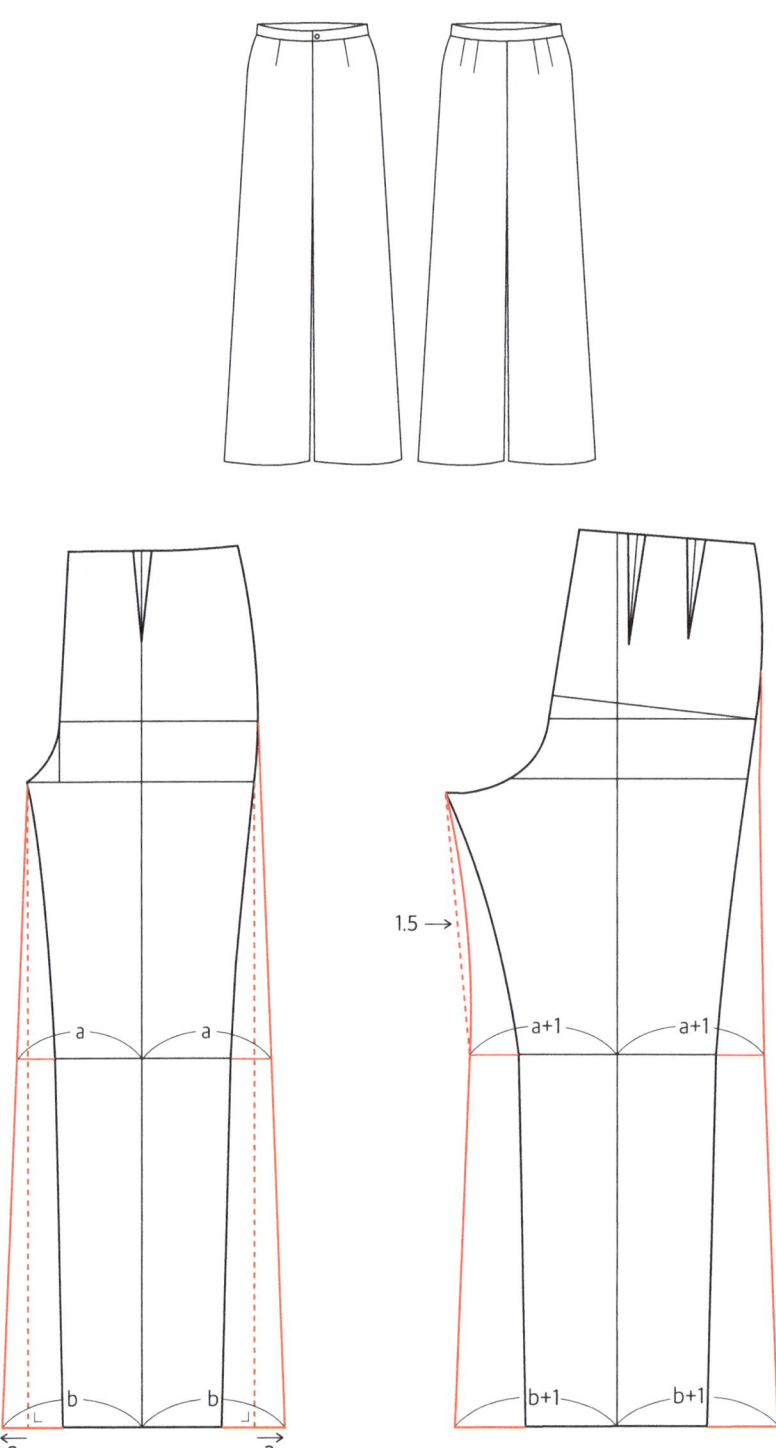

6) 자마이카 팬츠(반바지)

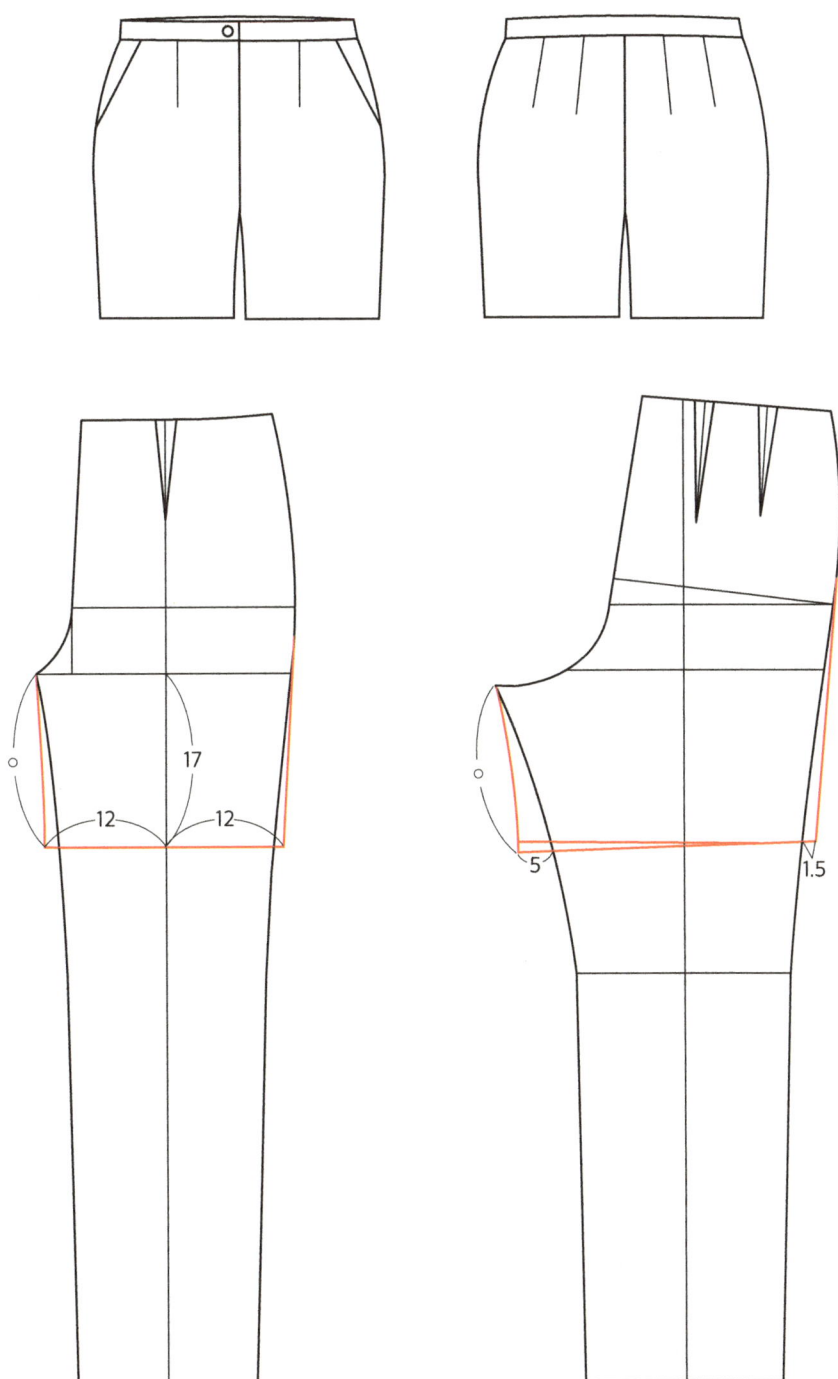

4. 팬츠 제작하기

1) 직선벨트 스트레이트 팬츠 패턴 제도

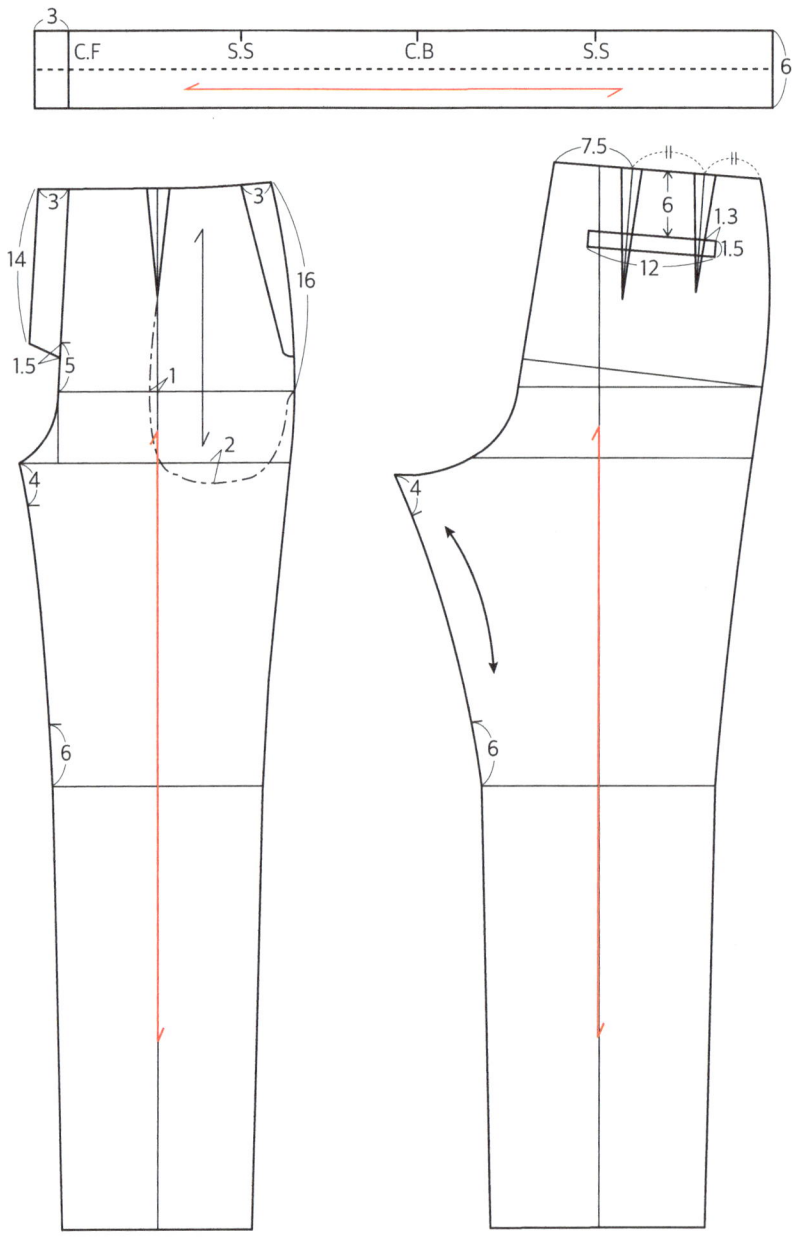

*치수 표시가 없는 부위는 기본 원형 패턴을 참고하세요.

2) 팬츠 겉감 재단

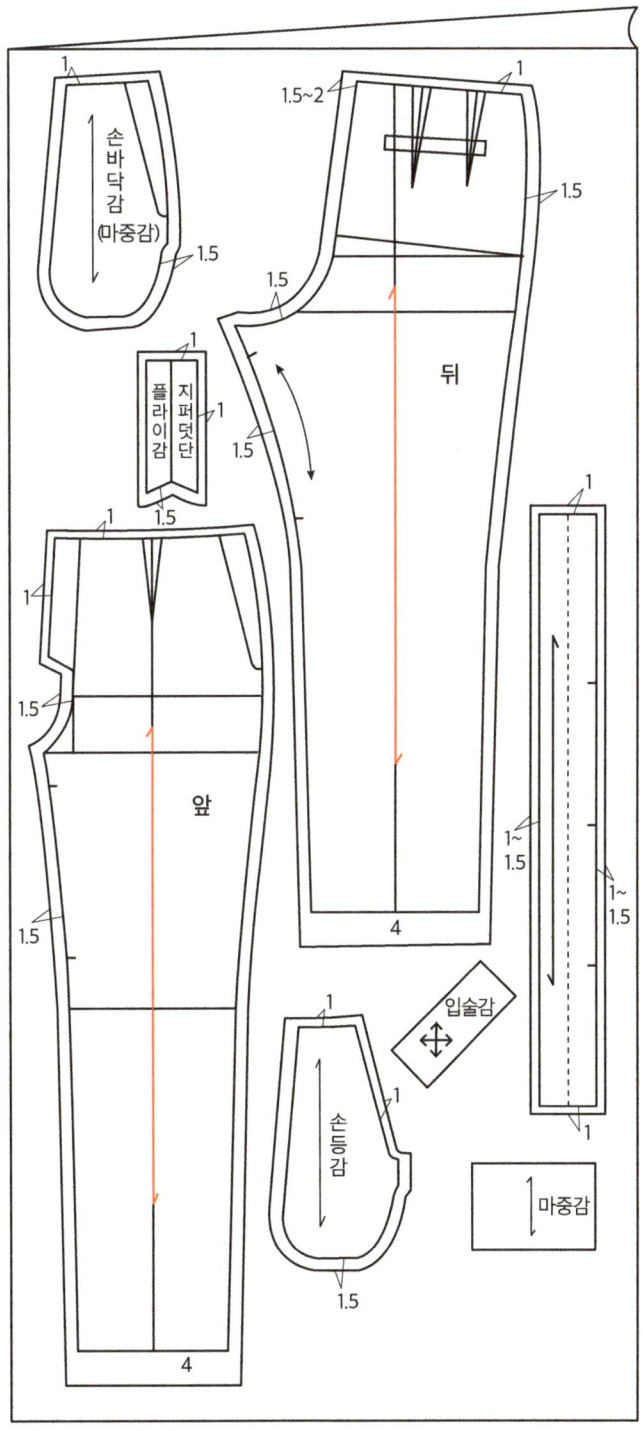

3) 팬츠 봉제

(1) 겉감 재단

식서방향에 맞춰 앞판, 뒷판, 벨트, 주머니, 지퍼 덧단, 입술감을 재단한다.

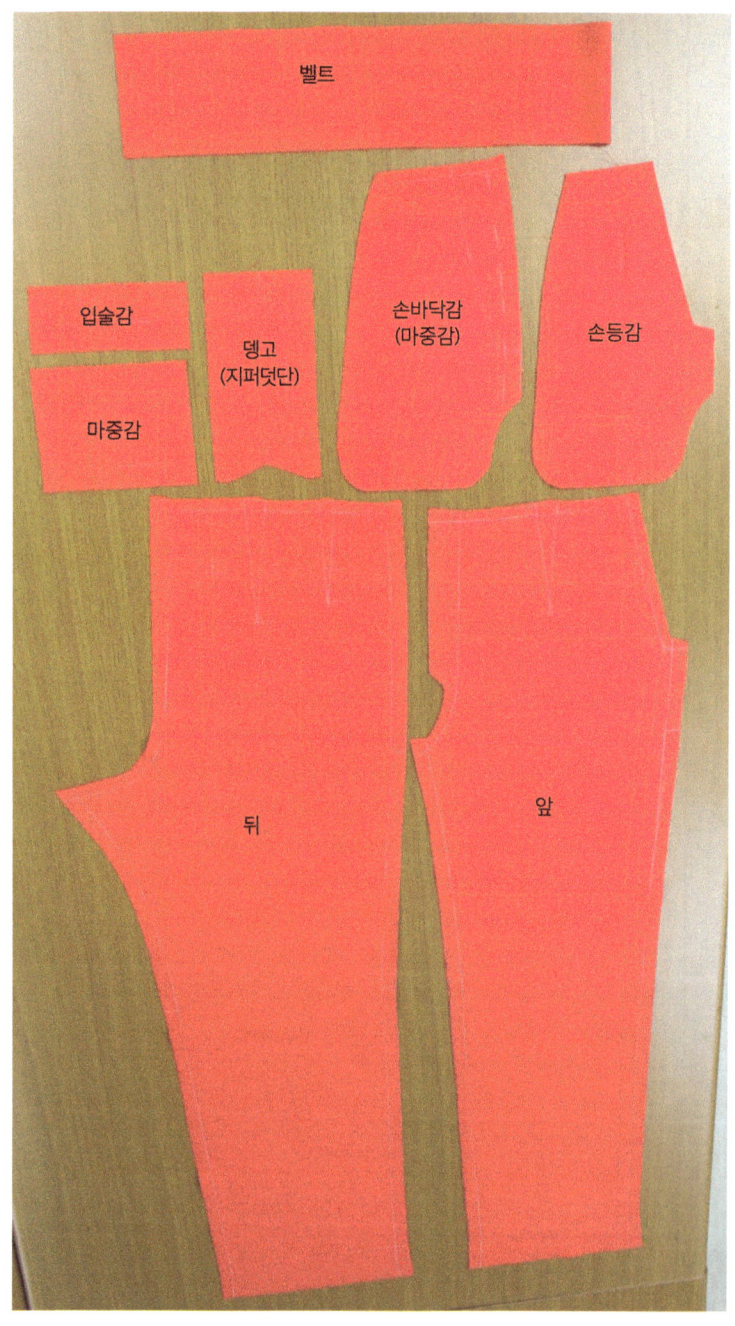

(2) 완성선 표시

실표뜨기와 초크로 완성선을 표시한다.

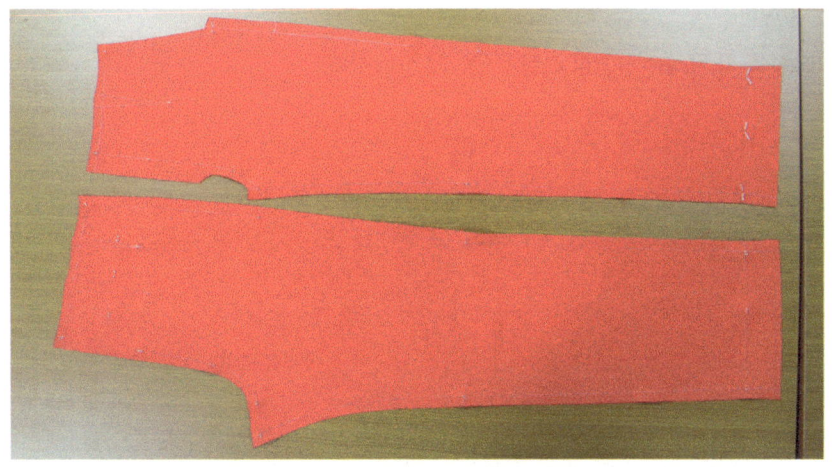

(3) 다트박기

① 다트를 박고 다트끝은 되돌려박기를 하지 않고 실로 묶어준다.

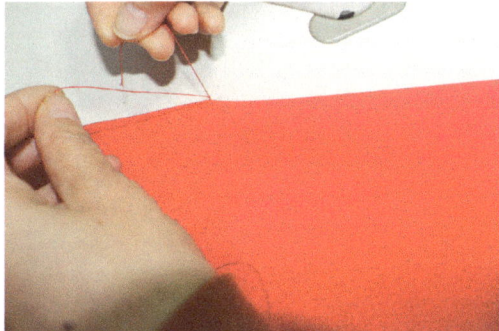

② 다트 다리기: 다리미판 위에 올려 다트를 중심쪽으로 다려준다.

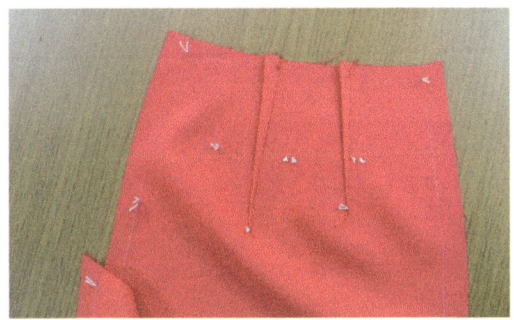

(4) 심지작업

앞주머니(슬랜트 포켓, 앞중심 안단, 뒷판 외입술 포켓, 입술감, 지퍼덧단(플라이감)에 심지를 붙이고 허리벨트 심지를 준비한다.

① 앞주머니와 지퍼가 달리는 앞중심 시접과 안단에 심지 부착

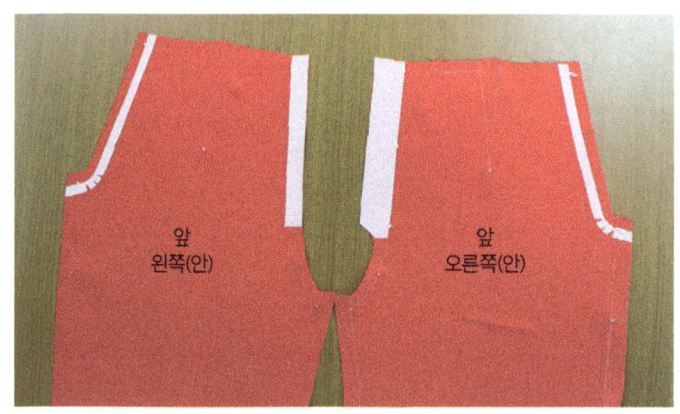

② 뒤판 다트를 박고, 외입술주머니 위치에 사방으로 0.5cm씩 크게 잘라 심지 부착

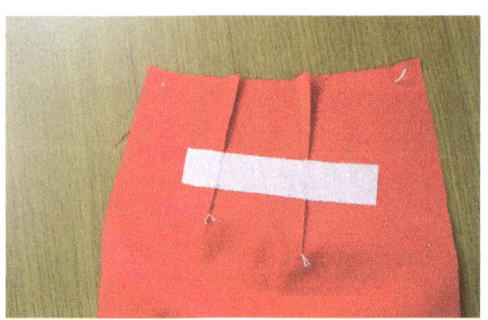

③ 입술감에 심지를 붙여 반접어 다리고 주머니 크기에 맞춰 완성선을 그려준다.

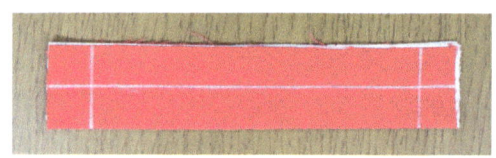

④ 지퍼덧단(플라이감)에 심지를 붙여 반접어 다림질

⑤ 접착 벨트심지와 직선벨트감

(5) 겉감 오버록

앞판, 뒷판, 주머니감을 오버록 한다.

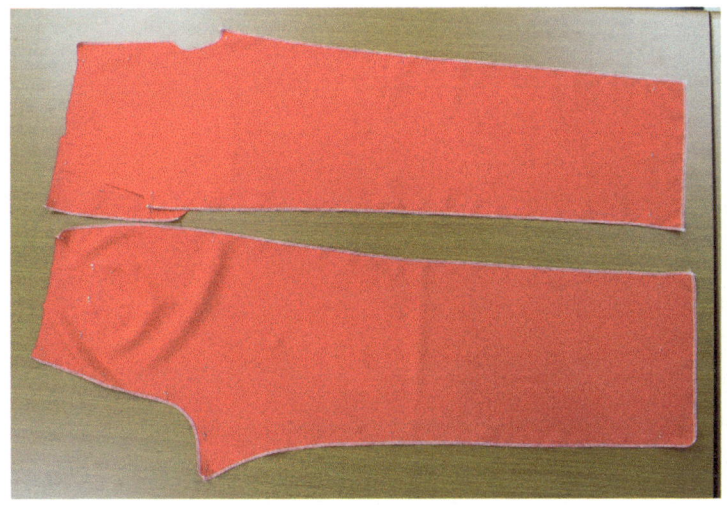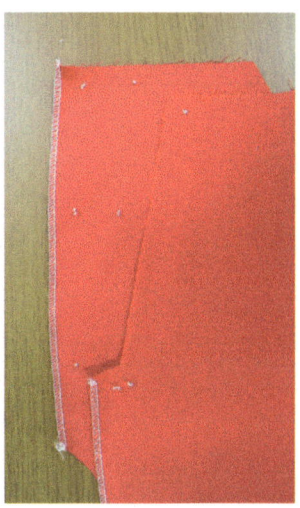

(6) 앞주머니(슬랜트포켓) 만들기

① 앞판과 주머니감을 겉끼리 맞대고 주머니 입구
를 박는다.

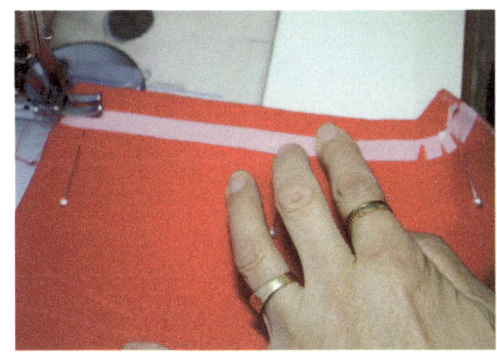

② 주머니 곡선 시접은 가윗집을 넣어 준다.

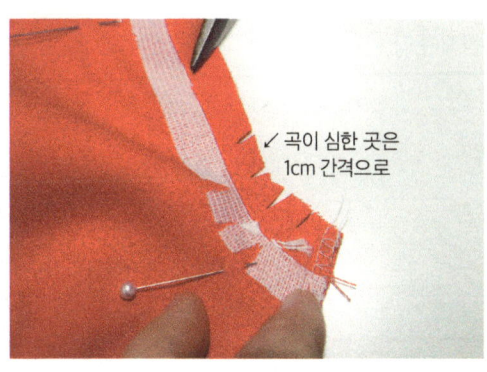

곡이 심한 곳은
1cm 간격으로

③ 앞주머니 누름상침
주머니감을 시접쪽으로 넘긴 후, 완성
선에서 0.2cm안쪽을 눌러 박아준다.

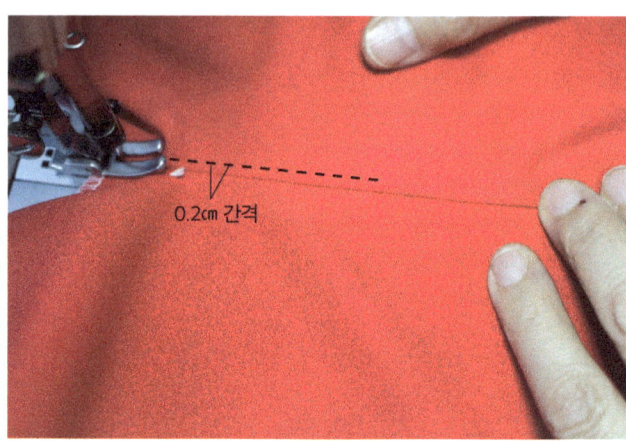

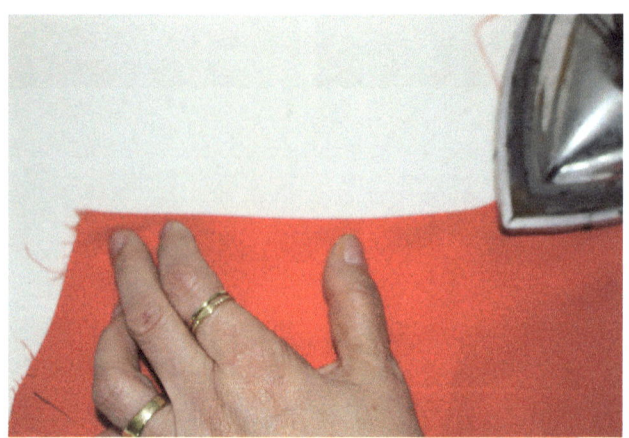

④ 앞주머니 입구 다림질
누름상침한 입구를 안쪽에서 다려 모양
을 잡아준다.

⑤ 주머니 입구 상침
주머니 입구쪽에서 0.3cm 들어가 상
침해 준다.

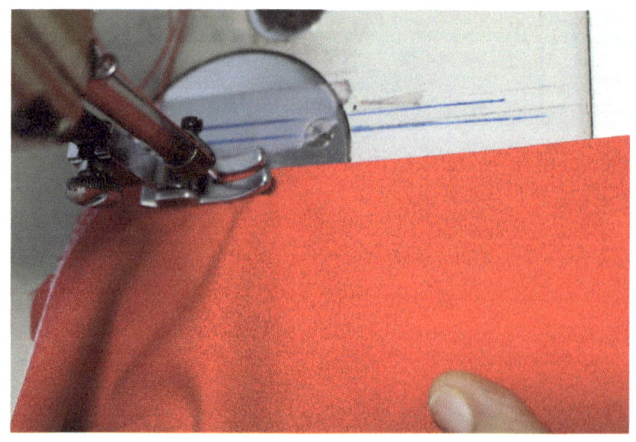

⑥ 마중감 연결

마중감을 겉이 보이게 놓고 윗시접과
옆시접을 박아 고정 박음한다.

⑦ 주머니감 시접을 박고, 오버록한다.

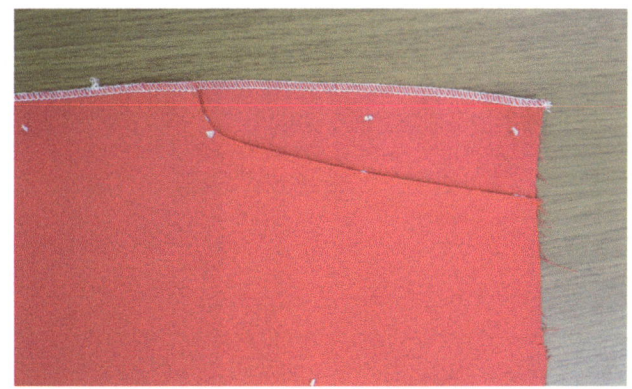

옆선시접(완성선에서
1cm 앞)쪽 고정박음

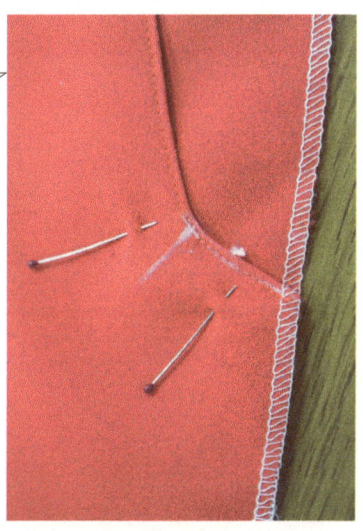

허리시접쪽
고정박음

주머니감
오버록

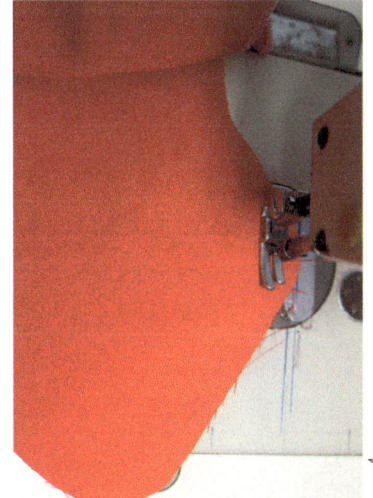

주머니감
완성선 박기

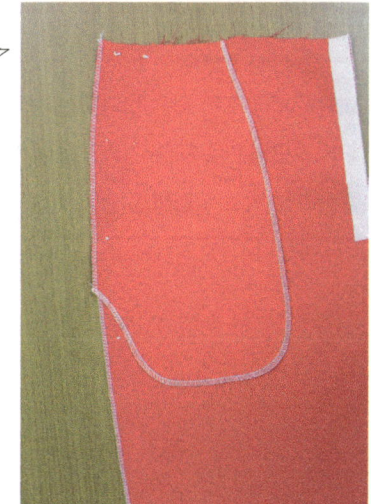

(7) 뒤판 외입술포켓 만들기

① 입술감 접은 면을 아래로 놓고, 뒷판에 그려놓은 완성선 아랫선에 맞춰 박아준다.

② 외입술 포켓 마중감 박기.마중감 안쪽을 위로 놓고 포켓 윗선과 박는다.

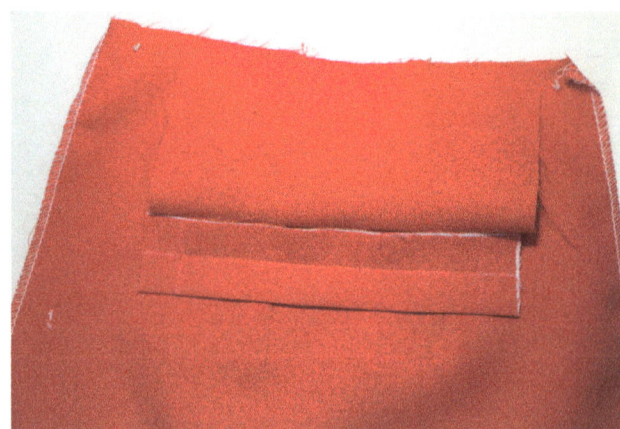

③ 안쪽에서 포켓 윗선과 아랫선 사이를 >-< 모양으로 자른다.(양끝을 위치를 정확히 박고 잘라야 입술이 비뚤어지지 않는다.)

④ 마중감은 안으로 들어가고, 입술감 시접을 안으로 밀어 넣으면 입술이 올라오면서 주머니 형태가 만들어진다.

⑤ 양끝 삼각형 시접을 안으로 밀어 넣고, 겉감을 걷어 삼각형 시접 세로선을 박아 고정한다.

⑥ 마중감 허리쪽을 제외한 나머지 세 곳을 오버록한 후, 허리쪽 시접을 막아 임시고정한다.

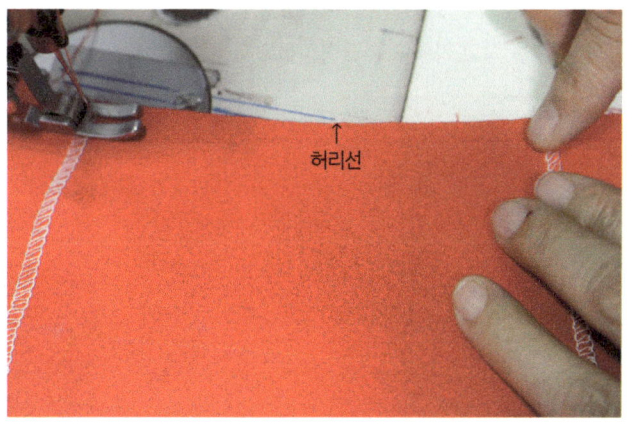

허리선

<한쪽 입술포켓 겉(좌)과 안(우)>

(8) 앞뒤판 연결하기

① 앞판과 뒤판을 겉끼리 맞댄 후 옆선에
실표뜨기(엉덩이둘레선, 무릎선, 밑단선)
표시가 있는 완성선을 맞춰 핀으로 고정
한다.

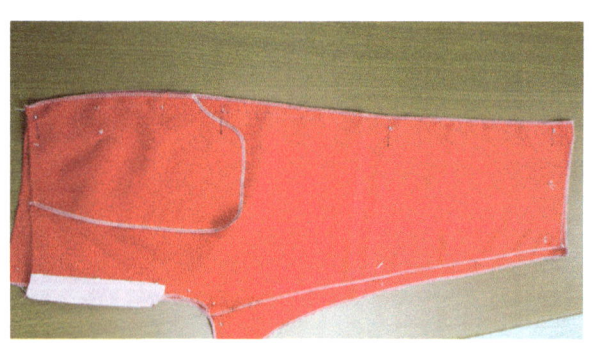

② 완성선을 박고 가름솔로 다림질한다.

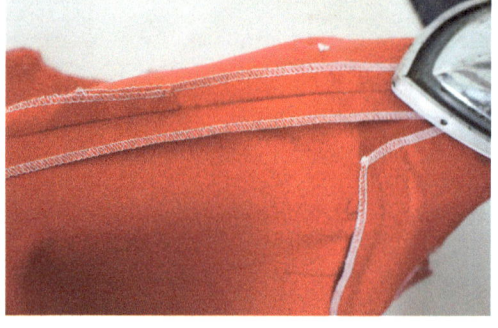

③ 안쪽 솔기선을 박고 가름솔로 다
린다.

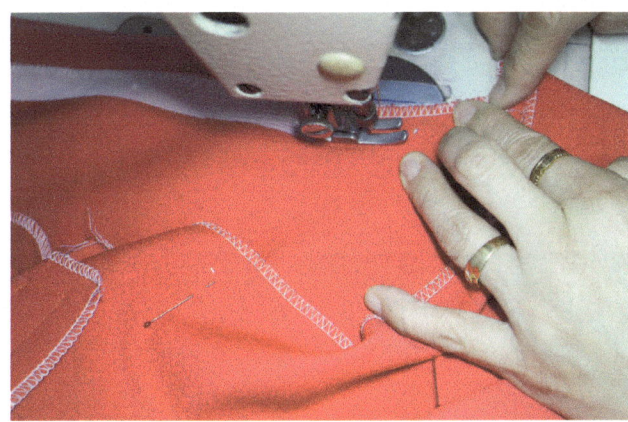

④ 왼쪽 바지를 뒤집어 겉이 나오게 한
후, 오른쪽 바지에 끼운다. 겉끼리 맞
대고, 지퍼트임부터 뒷중심까지 박는
다.

⑤ 뒷중심 시접을 가르고, 사진과 같이 왼쪽 시접과 뒤판을
0.1cm 들어가 다시 한번 박아준다.

▶가름솔 처리는 두께가 분산되어 미관상 보기좋지만, 실이 뜯
어지면 바로 벌어진다. 뒷중심을 다시 한번 박아주어 튼튼하게
보강해주는 것이 좋다.

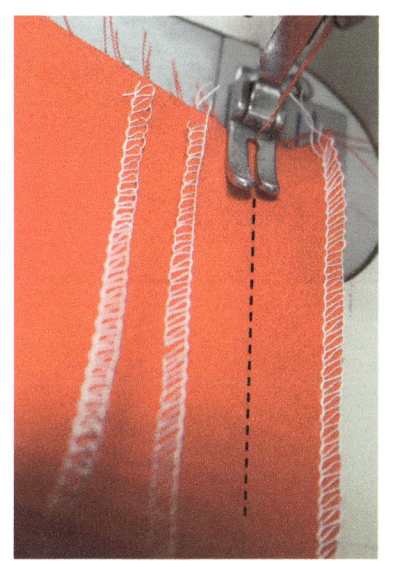

(9) 지퍼 덧단

① 지퍼 덧단(플라이 프론트) 아래
쪽을 안쪽에서 박아 뒤집고 다린
후 접은 면 반대쪽 시접을 오버록
한다.

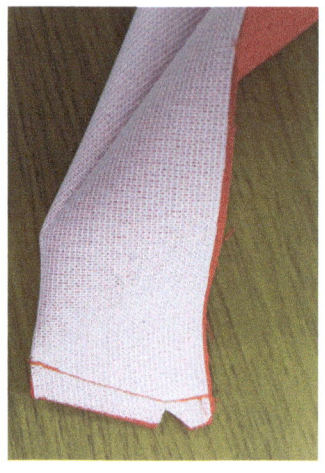

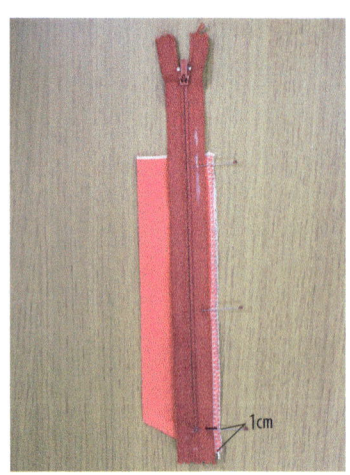

② 지퍼 덧단에 지퍼고정

지퍼 덧단 아래 1cm 위로 지퍼 하지를 위치 시킨 후, 지퍼 오른쪽 시
접 0.5cm 안쪽을 덧단에 박아 고정한다.

▶ 지퍼를 덧단에 고정시킬 때 상지 위치를 맞추기도 하고, 상·하지
걸리지 않게 중간을 위치시키기도 한다.

③ 왼쪽 앞중심 시접을 0.3~0.4cm 내어 다린 후, 덧단을 아래에 놓
고(지퍼트임 0.5cm 아래에 덧단끝 위치) 앞중심에서 지퍼쪽으로
0.2cm 들어가 박는다.

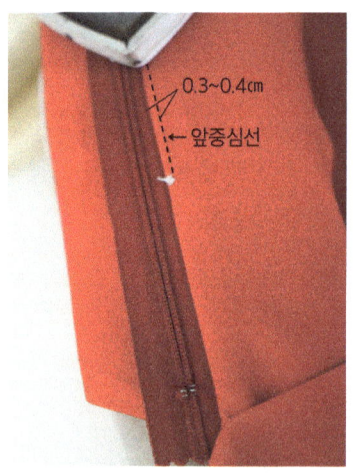

④ 오른쪽 앞중심 시접은 왼쪽 완성선에 맞춰 접어 다린 후 핀으로 고정해 놓는다.

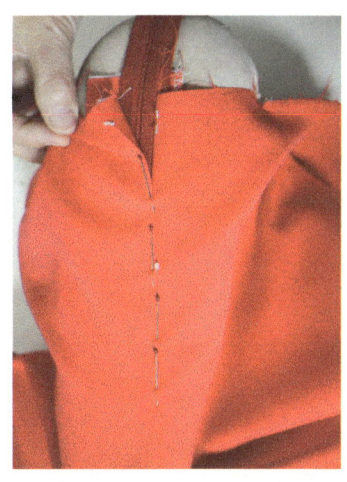

⑤ 앞판 오른쪽 스티치선(9~6)을 박기전에 안쪽에서 오른쪽 안단 과 지퍼시접을 박아 고정해준다. 일반적으로 스티치선 간격이 지퍼 시접보다 크기 때문이다.

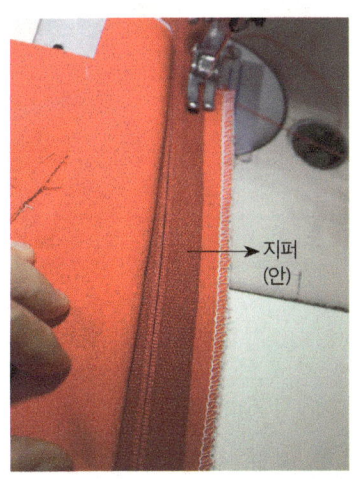

지퍼
(안)

⑥ 앞판 오른쪽 스티치 선을 그려 박아준다. 이때, 지퍼 덧단이 박히 지 않게 젖혀 놓고 끝에서 1.5cm 전까지 박는다. 지퍼 덧단을 원래 위치로 보내고 남은 부분도 다시 박아준다.

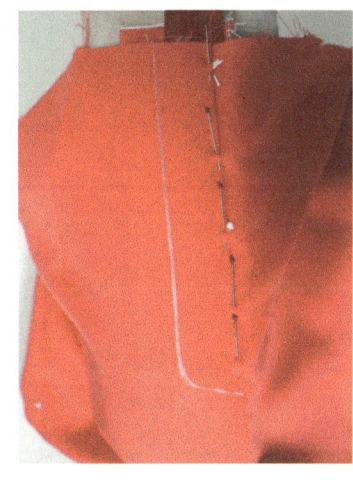

(10) 벨트 만들기

① 벨트감 안쪽 시접 위에 벨트 심지를 올려 0.3~0.5cm 간격으로 박아 벨트 심지를 고정한다.

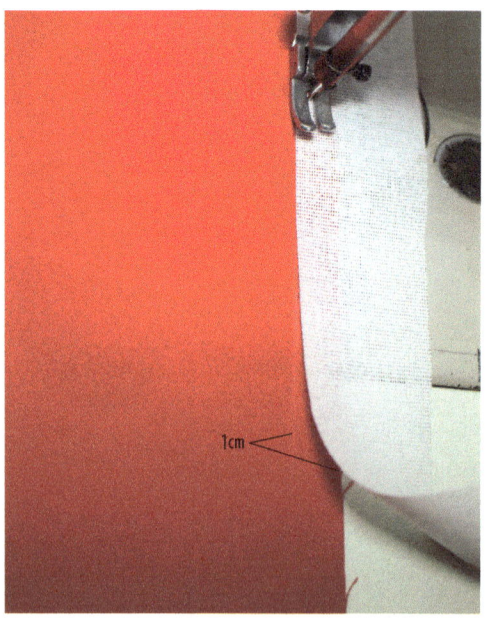

② 벨트를 안쪽으로 꺾어 다림질한다.

③ 벨트를 한번 더 접어 다린다.

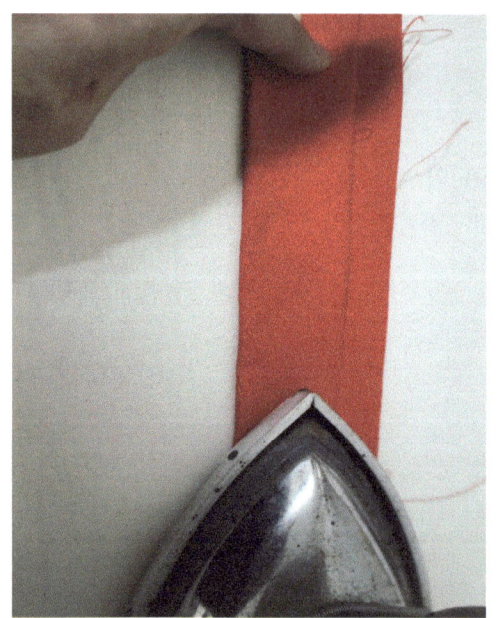

④ 벨트 윗선이 잘 다려진 다림질 상태

⑤ 벨트를 안쪽이 보이도록 반접어 뒤집어 양쪽
앞중심쪽 시접을 박아준다.

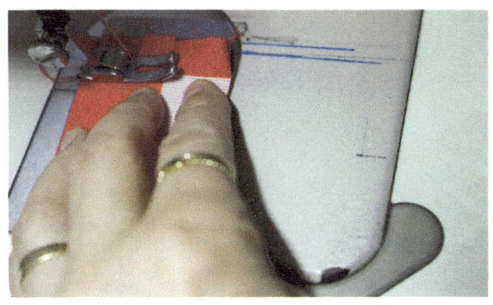

⑥벨트 겉쪽에서 옆선시접 다림질

⑦벨트 윗선 0.2cm 안쪽 상침.

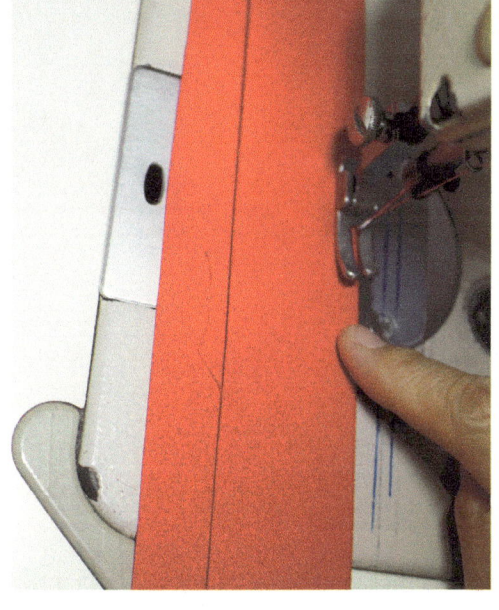

⑧ 시접 1cm 남기고 잘라준다.

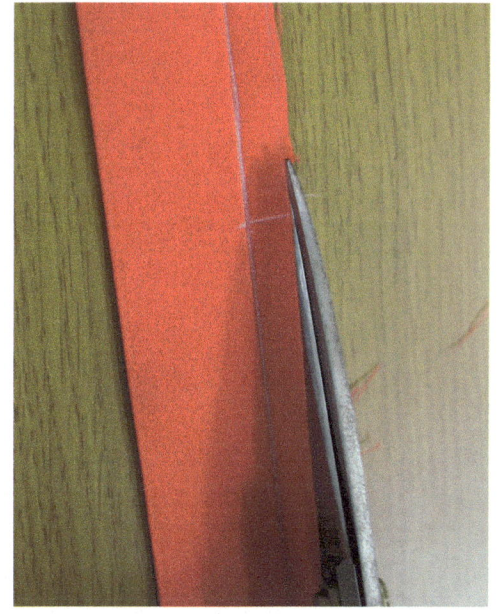

⑨벨트 시접에 옆선, 앞중심을 표시해 준다.

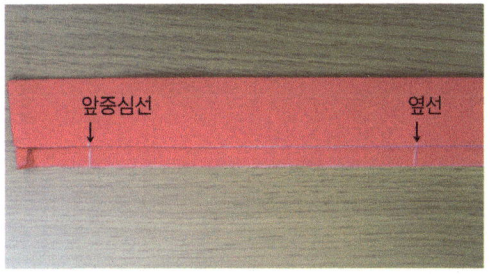

앞중심선   옆선

(11) 벨트 연결

① 바지 안쪽에서 벨트 시접을 올려 옆선과 앞중선을 맞추고 난 후 핀으로 고정한다.

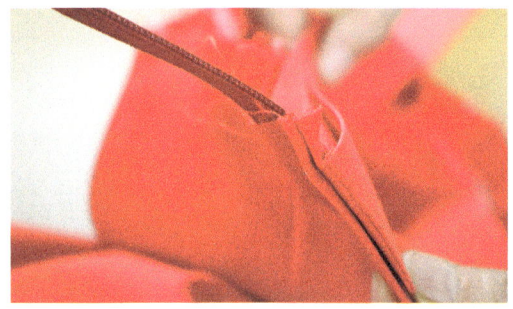

② 완성선을 박아준다.

③ 튀어나온 지퍼를 잘라낸다.

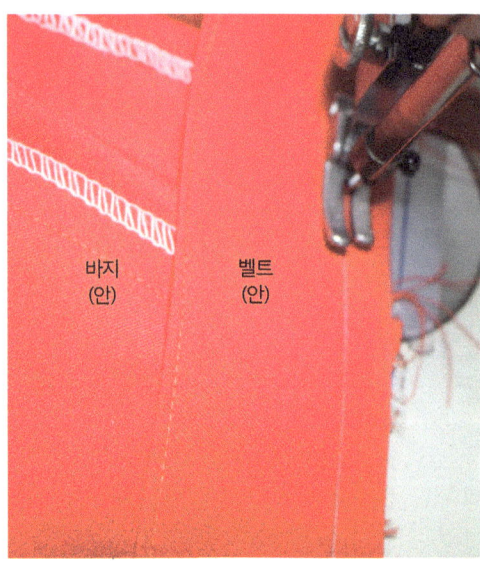
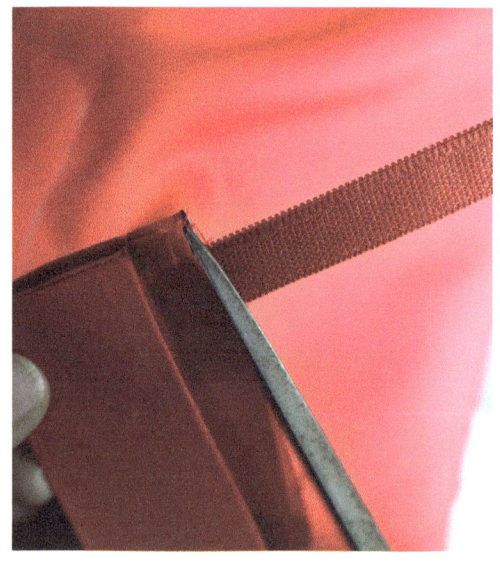

④ 벨트를 겉쪽으로 보내고 안쪽에서 박은선을 살짝 덮어 핀으로 고정한다.

⑤ 벨트 아래쪽에서 0.2cm 안쪽을 상침

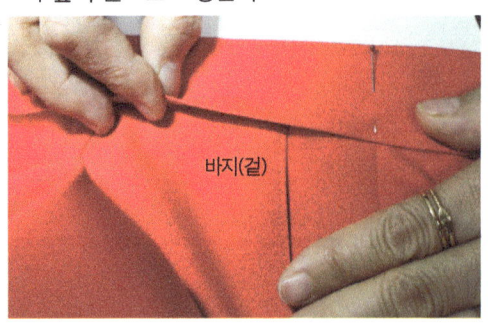

⑥ 벨트 달기 완성

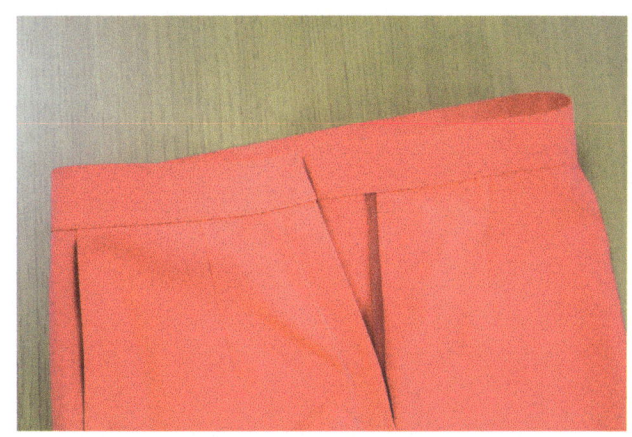

(12) 마무리 손바느질

① 바지 밑단 시침질

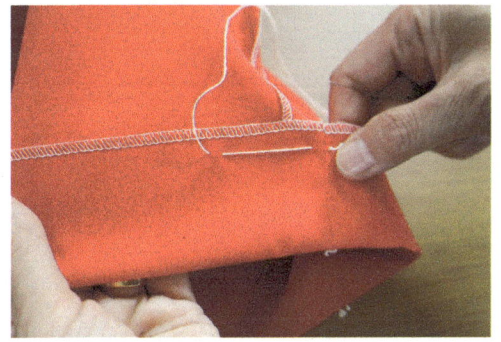

② 바지 밑단 새발뜨기

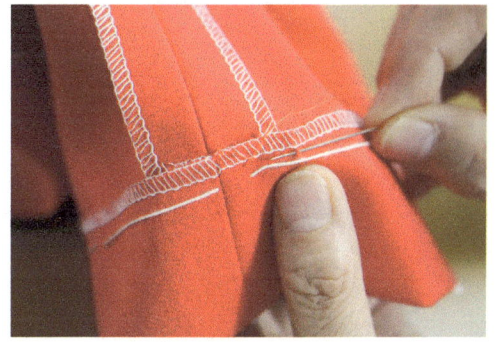

③ 마이깡 달기(호크와 아이)

아이를 앞중심 안쪽에 버튼홀 스티치
로 고정하고, 호크를 채워 위치를 잡
고 버튼홀 스티치로 고정한다.

바지 완성 작품

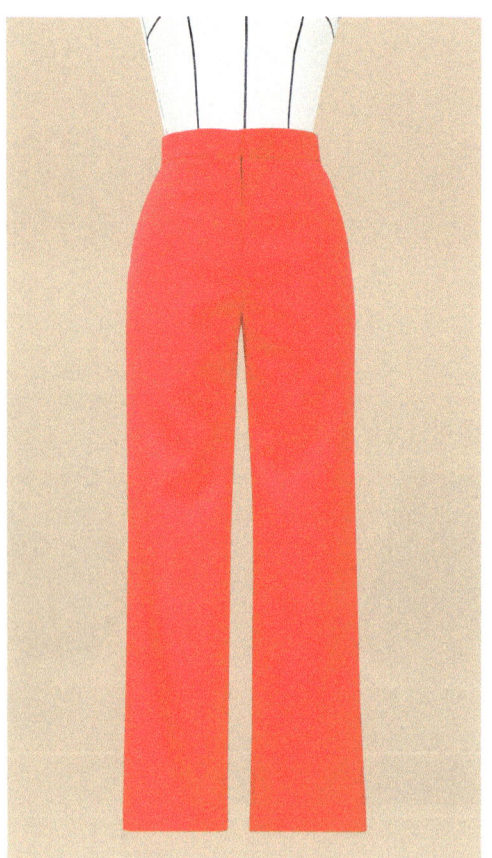
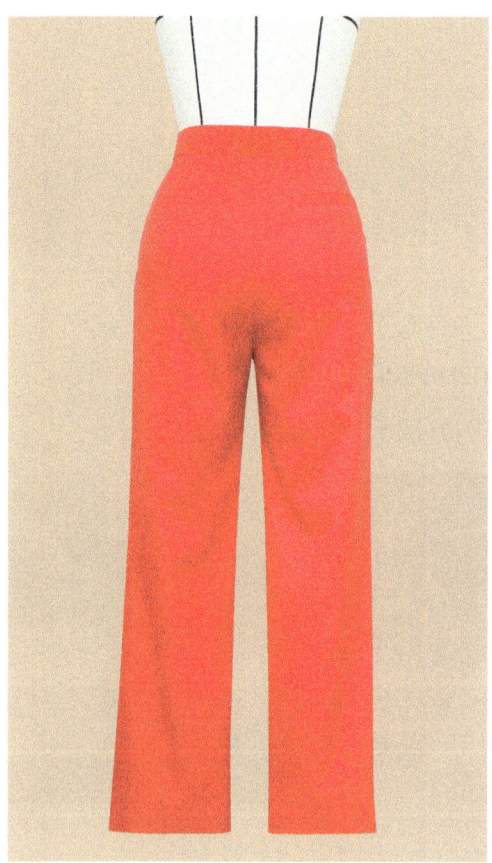

✂

초 보 자 를 위 한 여 성 복 제 작

옷감의 이해

1. 섬유(fiber)의 종류

1) 천연섬유

(1) 면(cotton)

면섬유는 내구성이 좋고 흡습성이 우수하여 위생적이며 실용적인 섬유이다. 열에는 강하지만 사용시 구김이 많이 생겨 합성섬유와 혼방하거나 수지가공을 하여 개선하여 사용된다. 오랜시간 햇빛에 쪼이면 황변되고 강도가 감소한다.

(2)마(linen)

마섬유는 소재표면이 거칠고 촉감이 차고 빳빳하다. 통기성 흡습성이 좋으며 튼튼하지만 구김이 많이 생기기 때문에 면이나 합성섬유와 혼방하여 사용한다

① 아마(Linen, Flax): 흡습성이 면보다 좋아 빨리 흡수하며 또한 빨리 마르는 것이 특징이고, 다림질 온도는 천연섬유 중 가장 높은 편이다.

② 저마(Ramie): 우리나라에서는 모시라고 불린다. 천연섬유 중 강도가 가장 강하고 열전도율이 크고 땀을 잘 흡수하며, 또한 잘 발산시키는 것이 특징이다.

③ 대마(Hemp): 삼베라고도 하며, 마약성분을 함유하고 있어 세계 각국에서 그 재배가 엄격하게 제한되고 있다. 거칠고 유연성 및 탄성이 적으나, 곰팡이에 대해 높은 저항성을 가진다. 탄성은 아마보다 떨어지고, 방직용으로 사용하기에도 탄성이 충분치 못하다.

④ 황마(Jute): 방적성이 좋은 편이고, 가격이 저렴하여 품질이 좋은 것은 다른 섬유와 혼방하여 의류로 사용된다. 차, 곡물, 사탕 등의 부대, 러그, 캔버스 등에 사용되며, 찌꺼기 섬유는 제지원료로 사용된다.

(3) 견(silk)

견섬유는 누에에서 실을 뽑아 직조하는 것으로, 천연섬유 중 유일한 장섬유이다. 강도와 탄성이 좋고 산에는 강하고 알칼리에는 약하다. 우아한 광택과 드레이프성이 좋아 원피스, 블라우스 등에 사용된다. 탄성회복률이 낮아 구김이 잘생기고 잘펴지지 않는다. 내구성이 좋지 않고 일광에 약해 모직물 중의 다른 직물과 혼방하여 사용하고 드라이클리닝이 안전하다.

(4) 모(wool)

모섬유는 양모를 원료로 하는 섬유로서, 사육되는 지방의 기후와 상태, 면양 부위에 따라 품질이 다르다. 보온성과 흡수성이 좋으며 탄성과 레질리언스가 좋아 구김이 잘 생기지 않는다. 짧은시간에 물세탁하거나 드라이클리닝하는 것이 안전하다. 좀벌레에 피해를 입는 경우가 많아 방충제와 함께 보관한다.

(5) 그 밖의 모섬유

① 모헤어(mohair): 앙고라 염소에서 얻는 섬유로, 길이가 길고 권축이 없으며 뻣뻣한 편이다. 양모와 혼
  방하여 여름용 수트, 코트, 스웨터, 가구용 직물에 사용된다.

② 캐시미어(cashmere): 캐시미어 염소에서 얻는 섬유로 주로 회색 또는 갈색이다. 굵기가 비교적 균일하
  고 광택이 좋고 가벼우며 보온성이 좋다. 고급 수트, 코트, 스웨터등에 사용된다.

③ 알파카(alpaca): 알파카는 흰색부터 갈색, 검은색까지 다양하며 견과 같은 광택이 있고 섬세하며 강도
  가 양모보다 크다.

④ 라마(lama): 알파카와 성질이 비슷하나 품질이 떨어지며, 주로 갈색이다.

2) 인조섬유

섬유의 조건을 충족하기 위해 천연 원료를 변형 또는 합성하고, 고분자를 액체화하여 방사한 후에 고체화
함으로써 가늘고 긴 섬유를 만들게 된다.

(1) 레이온(rayon, 인견): 재생섬유로서, 면보다 흡습성이 크고, 광택이 우수하며 드레이프성이 좋지만 구
  김이 잘 생긴다. 물에서 변형이 크므로 물세탁보다는 드라이크리닝 하는 것이 좋다,

(2) 아세테이트(acetate): 광택과 촉감이 우수하며 드레이프성이 좋고 구김도 덜 생기지만 흡습성이 적다.

(3) 나일론(nylon): 마모강도가 큰 질긴 섬유이나 혼방시에는 다른 섬유를 빨리 닳게 한다. 구김이 덜 생기
  나 흡습성이 적어 정전기가 잘 발생한다.

(4) 폴리에스테르(polyester): 합성섬유 중 사용량이 가장 많고 천연섬유와 혼방하여 널리 쓰이는 섬유이
  다. 내구성과 마모강도가 우수하여 섬유가 손상되는 경우가 드물다. 나일론보다 탄성회복이 빠르고 구
  김이 잘 생기지 않아 의류소재로 매우 적합하다.

(5) 아크릴(acryl): 폴리에스테르, 나일론과 함께 가장 많이 사용되는 합성섬유로 탄성회복률이 우수하고 내
  일광성이 가장 우수한 섬유이다. 보온성과 탄성이 좋고 가볍고 부드러워 양모 대용으로 주로 쓰인다.

2. 옷감의 종류

1) 직물(Woven)

직물은 가로(위사)와 세로(경사) 두올의 실을 일정한 규칙으로 직각 교차시켜 짜여진 것으로 실의 두께, 실의 꼬임, 직조방법(평직, 능직, 수자직)에 따라 직물의 특성이 결정된다.

① **평직**: 경사와 위사가 한 올씩 교대로 교차된 직물이다. 제직이 간단하고, 교차점이 많아 강하고 겉과 안의 구분이 없다.

② **능직**: 경사, 위사를 2올 이상씩 조합하여 사선 방향으로 능선(twill line) 또는 사문선이 나타나는 직물이다.

③ **수자직**: 한 교차점에서 다음 교차점까지의 간격에 따라 5매주자, 8매주자 등이 있으며, 광택이 좋고 매끄럽다.

종 류	특 징
개버딘 (gabardine)	경사의 밀도가 위사의 밀도보다 훨씬 많아서 사선이 뚜렷하게 나타나며 안면이 겉면보다 평면적인 능직이다. 목면, 울, 실크, 화학섬유로 직조하며 주로 코트, 수트, 슬랙스 등에 사용된다.
도비 (dobby)	직기의 도비장치 사용하여 무늬를 나타낸 직물로 조직상의 요철이 신체와의 접촉면적을 적게 하며 쾌적함으로써 침장용 소재로 적합하다.
데님 (denim)	선염사로 능직한 목면지이며 질겨서 매우 실용적이다. 내구력이 좋아 주로 작업복에 사용되며, 최근에는 유연하게 만들어 여성복, 남성복, 아동복에도 사용된다,
멜란지 (melange)	서로 다른 색의 재료들을 혼합하여 서리가 내린 듯한 느낌을 주는 원단이다.강연사를 사용한 평직물로 가볍고 얇아 비쳐보이며 여성용 속옷, 블라우스, 스카프 등에 사용된다.
보일 (voile)	강연사를 사용한 평직물로 가볍고 얇아 비쳐보이며 여성용 속옷, 블라우스, 스카프 등에 사용된다.
벨벳 (velvet)	흔히 비로드라고 부르며 파일의 길이가 0.3~1mm인 짧은 경파일 조직으로 파일 경사에는 견·인견·나일론 등이 쓰이며 바탕조직은 다른 섬유를 사용하는 때가 많다. 주로 드레스, 코트, 슈트, 모자 등에 쓰인다.
벨루어 (velours)	벨벳보다도 보풀이 길고 두껍지만 부드럽다. 치밀하며 짧고 굵은 파일사는 기모하고 브러시한 후 표면의 털을 깎아서 제직하며 코트등에 사용한다. 드레스, 코트, 모자, 여성복등에 사용한다.
브로케이드 (brocade)	'brocare(무늬로 장식한다)'라는 라틴어에서 유래된 말로, 견과 유사한 각종 섬유가 사용되고 있고, 요즘은 외겹의 자카드문직이 많다. 주로 이브닝드레스, 예장, 실내장식용 포, 커튼 등에 사용된다.

종 류	특 징
새틴 (sateen)	공단이라 불리우는 부드러운 드레이프성을 가지는 표면이 매끄러운 수자직물이다.
쉬폰 (chiffe)	하늘하늘하고 실루엣이 살짝 비치는 얇은 원단으로 견 크레이프사를 사용하여 평직으로 제직한 직물이다. 주로 여성용 블라우스, 스카프, 원피스등에 사용된다.
샴브레이 (chambray)	경사는 색실을 사용하고 위사는 흰색으로 직조된 평직으로 레이온과 교직시키기도 한다. 주로 셔츠, 블라우스등에 사용된다.
서지 (serge)	양모 섬유로 실의 굵기가 균일하고 가늘게 되어 있으나 꼬임은 강하고 어느 부분에나 똑같이 꼬아져 튼튼한 느낌을 주는 조밀하게 제직한 능직 소모직물이다.
시어서커 (seersucker)	경사방향으로 줄어든 평직의 면직물로 사염의 줄무늬 또는 격자 무늬가 많다. 폴리에스테르와 면혼방 기타 화학 섬유를 사용한 것도 있다. 신체와 접촉이 적어 여름용 원피스, 파자마, 나이트 가운 등에 주로 사용된다.
오건디 (organdy)	면이나 폴리에스테르를 사용하고 매우 얇아 가볍고 투명해 보이는 빳빳한 촉감의 직물이다. 주로 드레스, 블라우스, 칼라 등에 쓰인다.
오간자 (organza)	노방급의 속이 훤히 비치는 아주 얇은 원단으로 면·레이온 등의 평직물이다. 주로 이브닝드레스, 가장자리 장식등에 이용된다.
옥스퍼드 (oxford)	경사 2올과 위사 1올로 제직하여 일반적인 평직물보다 독특하고 풍부한 느낌을 주며 마찰에 강한 장점을 지녀 홈패션 제품 또는 셔츠, 슈트, 스포츠 웨어, 파자마에 활용되며 특히 아이비 셔츠(ivy shirt)에 대표적으로 사용된다.
자카드 (jacquard)	1수자직을 사용하여 복잡한 문양을 나타낼 수 있는 수자직물로 원단이 두께가 있어 무게감과 차분한 느낌이 들어 소파, 홈패션등에 주로 사용된다.
조젯 (georgette)	표면이 멜론의 껍질처럼 주름 모양을 이루고 있는 직물로 빳빳함과 드레이프성이 있다.
치노 (chino)	두꺼운 능직 코튼지의 일종으로 제1차 세계대전 중에 미 육군이 사용하기 시작했다. 본래의 색과 카키, 흰색 등이 많고, 특히 바지나 캐주얼한 옷에 사용된다.
캔버스 (canvas)	매우 굵은 실로 오밀조밀하고 두껍게 짠 직물의 총칭으로 현재는 면, 비닐론 등으로 다양하게 활용된다. 일반적으로 운동화, 차양막, 텐트 등에 많이 사용한다.
코듀로이 (corduroy)	세로방향으로 골이 나타나는 면직물로 흔히 골덴이라 부르며 골(wale)수에 따라 다양하다. 주로 슬랙스, 캐주얼 재킷, 코트, 홈패션 등에 다양하게 쓰인다.

종 류	특 징
크레이프 (crepe)	피륙을 쭈글쭈글해지도록 완성시킨 것으로, 강하게 꼰 명주실이나 압축가공한 레이온 또는 필라멘트실을 경사나 위사 중의 한쪽 또는 양쪽 모두에 사용해서 직조한다. 크레이프 드 신, 조젯 크레이프 등이 있다.
태피터 (taffeta)	주로 안감, 드레스, 블라우스로 사용되며 다후다라고 불리운다. 필라멘트사로 만들어 매끄럽고 치밀하게 제직한 평직물이다.
트위드 (tweed)	잉글랜드와 스코틀랜드 사이를 흐르는 트위드강 근처에서 제직되어 붙은 명칭으로 표면은 매끄럽지 않으나 매우 부드럽다. 대개는 두 가지 색으로 선염직하는데, 때로는 두 가지 이상의 색을 사용하고 창살무늬, 삼능무늬를 넣기도 한다. 주로 코트, 슈트, 재킷등에 많이 사용한다.
포플린 (poplin)	면 방적사를 평직으로 제직한 면직물로 경사는 쌍사, 위사는 경사보다 굵은 실을 사용한다. 경사 밀도가 위사 밀도보다 커서 위사 방향의 이랑이 나타난다. 다양한 문양을 날염하여 사용한다.
홈스펀 (homespun)	굵기가 고르지 않은 방모사를 사용해서 능직하거나 평직으로 짠 방모직물이다. 촉감이 트위드와 매우 흡사한데, 처음에는 평직으로 제직한 것을 홈스펀, 능직으로 제직한 것을 트위드로 구분하였으나, 지금은 홈스펀을 트위드라고 하기도 한다. 캐주얼한 코트나 슈트, 스커트로 사용된다.
헤링본 (herringbone)	헤링본은 '청어의 뼈'란 뜻으로, 경사와 위사의 색을 다르게하여 능선효과를 나타낸 변화능직이다. 홈스펀, 도니골 등과 함께 트위드에 속한다. 주로 슈트, 재킷, 코트감으로 쓰인다.

2) 편성물(Knit)

편성물은 실이 고리모양의 루프를 연결하여 만들어진 것으로, 직물에 비해 신축성과 보온성이 우수하다.

종 류	특 징
싱글저지 (single jersey)	바늘이 싱글(한겹)인 편기로 만들어졌으며, 겉에서는 세로방향, 안에서는 가로방향의 골이 연속해서 나타난다.
더블저지 (double jersey)	바늘이 더블(두겹)인 편기로 만들어졌으며, 앞뒤의 조직이 같고 싱글저지보다 두껍다.
특양면	양면조직이지만 앞뒤가 다른 형태이다. 폴리가 섞여 탄탄한 느낌으로 분또, 네오플랜 등이 특양면 조직이다. 일반적으로 가을과 초겨울에 맨투맨, 후드티에 많이 쓰인다.
쭈리 (zurry)	앞면은 싱글조직으로 짜여 있고, 뒷면은 루프조직으로 되어있는 원단으로 수건과 비슷한 조직이라 흡수력이 좋고 보온성도 좋다. 미니쭈리, 2단쭈리, 3단쭈리 순으로 두껍고 루프가 커진다. 맨투맨, 조거팬츠, 후드티등에 사용된다.
피케 (pique)	대표적인 경이중직으로 표면이 오돌토돌하고 벌집모양을 하고 있다.
리브 (rib)	우리말로는 고무단 일본어로 시보리라 불리며, 신축성이 대단히 크고 두꺼운 편성물로 티셔츠의 목둘레, 소매단, 허리단에 주로 사용된다. 표면과 이면에 루프가 1개씩 보이면 1×1rib, 2개씩 보이면 2×2rib, 표면에 1개 이면에 2개는 1×2rib 이라고 한다.

3. 옷감의 방향

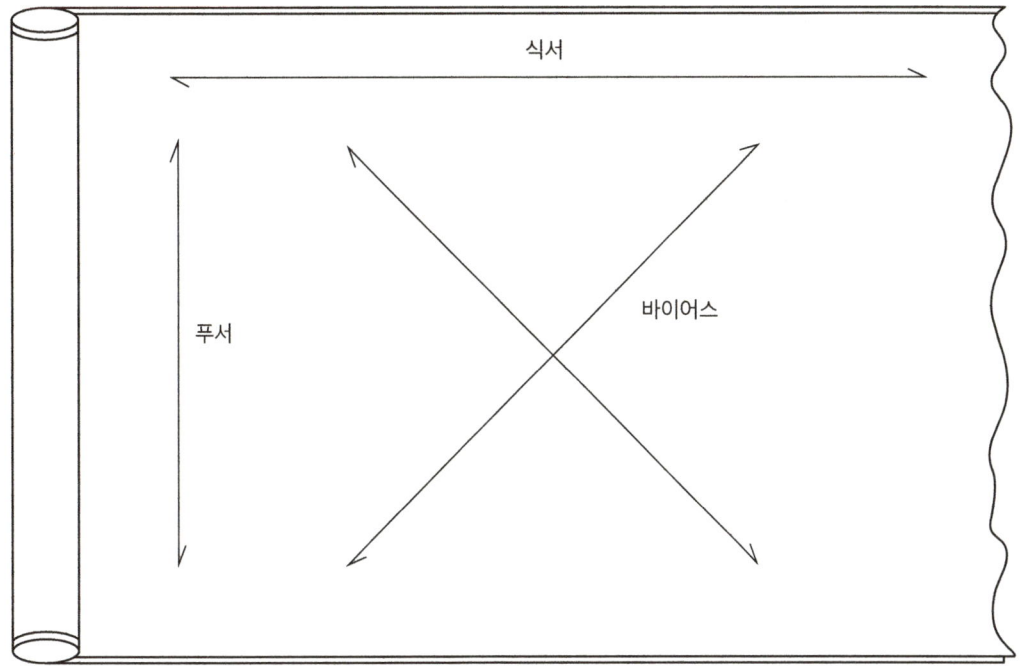

셀비지(selvage, 미미지)
양쪽 가장자리를 따라
옷감의 길이 방향으로
올이 풀리지 않게 처리된 부분.

1) 식서(lengthwise grain, 다데) : 옷감의 길이(세로) 방향.

2) 푸서(crosswise grain, 요꼬): 옷감의 너비(가로) 방향.

3) 바이어스(bias): 옷감의 대각선(45°) 방향.

4. 옷감의 정리와 재단

1) 옷감 정리의 필요성

직물이 되는 과정에서 충분히 축융되지 않은 옷감은 다림질과 완성된 후에 세탁을 통해 수축과 형태의 변화가 심하게 일어날 수 있다. 최근에는 천연섬유와 합성섬유, 거의 대부분이 방축가공을 하지만 섬유의 종류, 가공의 방법 등이 일정하지 않아 옷감 조각으로 확인하는 과정을 거쳐야 한다.

올이 바르지 않으면 실루엣이나 절개선, 주름 등이 틀어지는 현상이 발생하므로 재단 전에 옷감의 올을 바르게 정리하는 것이 중요하다. 식서가 당기는 경우에는 식서에 가윗집을 넣어 옷감이 바로 펴질 수 있게 한다.

2) 옷감의 종류별 정리법

(1) 면, 마

수축률이 2% 이상인 경우 물에 1시간 정도 담가 물이 베어들게 하고, 나염지는 염색이 빠질 수 있으니 안쪽으로 물을 뿌려 다린다. 담가 놓은 옷감은 그늘에서 80% 정도 말린 후 옷감의 결이 직각으로 되도록 잡아당기면서 올을 바로 잡는다. 결을 따라 스팀으로 다림질한다.

(2) 견

견은 물에 약하고 물에 담그면 주름이 생기므로 안쪽에서 덮개 천을 대고 스팀을 주지 않으면서 다림질한다.

(3) 모

옷감을 겉쪽끼리 맞대고 접어 안쪽에서 빈틈없이 물을 뿌려준다. 30분정도 비닐에 넣어 습기가 전체적으로 스며 들도록하고 안쪽에서 스팀을 주면서 옷감의 결을 바로하면서 다림질한다.

(4) 화학섬유

화학섬유는 열에 약하므로 소재에 맞는 온도로 안쪽에서 스팀 또는 물을 뿌려 다림질 한다.

3) 섬유에 따른 다리미 온도

섬유 종류		온도
천연섬유	아마	180 ~ 220℃
	면	140 ~ 170℃
	견	130 ~ 150℃
	모	120 ~ 150℃
화학섬유	아세테이트	120 ~ 150℃
	레이온	
	폴리에스테르	
	나일론	110 ~ 130℃
	아크릴	

4) 옷감의 표리구분(겉과 안의 구별 방법)

① 직물의 가장자리(변)에 상품명, 혼용률 등의 표시가 있는 쪽이 겉이다.

② 무늬 또는 조직이 선명한 쪽이 겉이다.

③ 잔털이 적은면이 겉이다.

④ 파일직물의 경우 파일이 있는 쪽이 겉이다.

⑤ 크레이프직물의 경우 가슬가슬한 쪽이 겉이다.

⑥ 면직물이나 모직물의 경우 광택이 좋은 쪽이 겉이다.

⑦ 마직물은 매듭이 거의 없는 쪽이 겉면이다.

⑧ 능직은 오른쪽 위에서 왼쪽 아래로 가는 방향이 일반적이다.(///)

　※ 디자인에 따라 안쪽면을 사용하거나 겉과 안쪽을 모두 사용할 수도 있다.

5) 옷감과 패턴의 배치

① 옷감의 안쪽이 겉으로 나오게 하여 반을 접어 패턴을 배치한다.

② 패턴은 큰 것부터 배치하고 작은 것은 큰 패턴 사이에 배치한다.

③ 짧은 털이 있는 옷감(벨벳, 코듀로이 등)은 털의 방향을 위쪽으로 가게 놓고 일방향으로 패턴을 배치한다. 양방향 배치할 경우 색의 명도에 차이가 생긴다.

④ 털이 긴 옷감은 털의 결 방향이 아래쪽을 향하도록 배치한다.

⑤ 무늬가 있는 옷감은 좌우 같은 무늬로 배치되어야 하므로 무늬를 잘 맞추어 옷감을 접는다.

⑥ 체크무늬는 좌우 무늬를 맞추어야 하므로 한 장만 자르고 무늬를 맞추어 놓은 후 남은 한 장을 더 재단한다.

⑦ 스트라이프 무늬는 줄을 바르게 정리한 다음 패턴을 배치한다.

⑧ 요크, 앞단, 커프스, 포켓 등은 푸서 또는 바이어스 방향으로 배치하여 디자인의 변화를 줄 수 있다.

6) 옷감과 시접

시접의 분량은 부위별 봉제 방법과 옷감의 두께와 재질에 따라 달라질 수 있다. 필요 이상의 시접은 완성선과 실루엣이 자연스럽지 않을 수 있으므로 시접의 분량을 정확하게 표시하고 재단하는 것이 중요하다.

부위＼아이템	스커트	팬츠	블라우스	재킷
(앞/뒤)중심선	1.5 / 1.5cm	1 / 1cm	1cm	1 / 1.5cm
어깨선			1.25~1.5cm	1.5cm
옆선	1.5cm	1.5cm	1.25~1.5cm	1.5cm
몸판 밑단	4~5cm	4cm	2~3cm	5cm
허리선	1cm	1cm		
네크라인 칼라 진동둘레 소매산 둘레			1cm	1cm
소매단			1~2cm	4cm
안단			1cm	1cm

* 안감이 있는 스커트와 재킷의 경우 모든 시접은 겉감과 같고, 밑단은 0~1cm로 표시한다. 안감의 완성선은 겉감보다 0.3cm 정도 여유있게 표시하고 봉제하면 겉감이 당기는 현상을 방지할 수 있다.

7) 옷감의 소요량

(단위:cm)

아이템	종 류	원단 폭	소요량	계산법
스커트	타이트	110	130~150	(스커트길이×2)+시접(12~16)
		150	60~70	스커트길이+시접(6~8)
	세미 플레어	110	140~160	(스커트길이×2)+시접(10~15)
		150	100~120	(스커트길이×1.5)+시접(0~15)
	180° 플레어	110	130~150	(스커트길이×2.5)+시접(5~12)
		150	90~100	(스커트길이×1.5)+시접(6~15)
	플리츠	110	130~150	(스커트길이×2)+시접(12~16)
		150	130~150	(스커트길이×2)+시접(12~16)
팬츠		110	150~220	[팬츠길이+시접(8~10)]×2
		150	100~110	팬츠길이+시접(8~10)
블라우스	짧은 소매	110	100~140	(블라우스길이×2)+시접(7~10)
		150	80~100	블라우스길이+소매길이+시접(7~10)
	긴 소매	110	125~140	(블라우스길이×2)+시접(10~15)
		150	120~130	블라우스길이+소매길이+시접(10~15)
원피스	짧은 소매	110	180~230	(원피스길이×1.2)+소매길이+시접(10~15)
		150	110~170	원피스길이+소매길이+시접(10~15)
	긴 소매	110	180~230	(원피스길이×1.2)+소매길이+시접(10~15)
		150	110~170	원피스길이+소매길이+시접(10~15)
수트	짧은 소매	110	220~270	(재킷길이×2)+스커트길이+소매길이+시접(20~30)
		150	170~190	재킷길이+스커트길이+소매길이+시접(20~30)
	긴 소매	110	250~270	(재킷길이×2)+스커트길이+소매길이+시접(20~30)
		150	200~210	재킷길이+스커트길이+소매길이+시접(20~30)
코트	스트레이트	110	240~280	(코트길이×2)+칼라길이+시접(20~30)
		150	200~250	코트길이+소매길이+시접(15~30)
	플레어	110	300~350	(코트길이×2)+소매길이+시접(20~40)
		150	220~250	(코트길이×2)+시접(20~30)
	프렌치형 소매	110	260~290	(코트길이×2.5)+시접(10~30)
		150	220~250	(코트길이×2)+시접(10~30)

5. 옷감과 실, 바늘

1) 옷감에 적합한 실과 바늘

옷감에 보여지는 실의 굵기는 외관상으로나 기능상으로 크게 영향을 미치므로 옷감에 맞는 실의 굵기를 선택하도록 한다. 재봉실의 종류는 면사, 견사, 폴리에스터사, 면·폴리에스터 혼방사, 나일론사 등이 있다. 재봉사는 옷감과 같은 재질을 선택하는 것이 중요하므로, 혼방 교직일때는 혼용 교직률이 높은 것을 선택하는 것이 좋다.

구분	옷감	재봉사	재봉틀 바늘	손바늘
면, 마	얇은	면 80s/3, 70s/3 P/C 80s/3	9호	8호
	중간두께	면 60s/3, 50s/3 P/C 60s/3	11호	4, 5호
	두꺼운	면 40s/3, 30s/3 P/C 40s/3	14, 16호	2, 3호
견	얇은	견 21D/4×3	9호	8호
	중간두께		11호	4, 5호
모	얇은	견 21D/4×3	11호	8호
	중간두께		11호	4, 5호
	두꺼운	견 35D/4×3	14, 16호	2, 3호
화학 섬유	얇은	P/C 80s/3 나일론 30D/3 스펀 폴리에스테르 80S/3	9, 11호	8호
	중간두께	P/C 60s/3, 50s/3 나일론 40D/3, 50D/3 폴리에스테르 75D/2×3 스펀 폴리에스테르 60S/3	11호	4, 5호
	두꺼운	나일론 70D/3 P/C 40s/3, 30s/3 폴리에스테르 75D/2×3 스펀 폴리에스테르 40s/3	14, 16호	2, 3호
화학 섬유와 면,모 혼방	얇은	견 21D/4×3 P/C 80s/3 스펀 폴리에스테르 60S/3	9, 11호	4, 5호
	두꺼운	견 35D/4×3 폴리에스테르 75D/2×3 스펀 폴리에스테르 40s/3	14, 16호	2, 3호

2) 재봉 시 문제와 해결 방법

문제현상	원 인	해결방법
(1) 윗실이 끊어진다.	① 윗실 끼우는 순서가 틀림	바른 순서로 다시 끼운다.
	② 실패 꽂이에 실이 엉킨 경우	엉킨실을 제거하거나 다시 감아준다.
	③ 바늘에 비해 굵은 실을 사용	바늘에 맞는 실로 교체한다. 「옷감에 적합한 실과 바늘」표 참고.
	④ 실채기가 가장 위쪽에 있을 때 재봉하지 않은 경우	실채기가 가장 위에 있는지 확인 후 봉제를 시작한다.
	⑤ 바늘구멍 이가 나 있는 경우	새바늘로 교체
	⑥ 바늘이 잘못 끼워져 있는 경우	바늘의 방향을 확인 후 바르게 끼워준다.
	⑦ 윗실조절기 세기가 강한 경우	윗실 조절기를 왼쪽으로 돌려 풀어준다.
(2) 밑실이 끊어진다.	① 북집의 조절나사가 너무 강하게 조여진 경우	북집의 조절나사를 풀고 윗실과의 장력이 맞는지 확인한다.
	② 북집의 실이 잘못 걸려있는 경우	북알을 빼고 다시 끼워준다.
	③ 북집의 실이 엉켜 감긴 경우	북집의 실을 다시 감아준다.
	④ 북집에 먼지가 끼었을 경우	먼지를 제거한 후 사용한다.
	⑤ 바늘판의 구멍이 상한 경우	바늘판을 교체한다.
(3) 바늘땀이 건너뛴다.	① 바늘이 휘었거나 바늘 끝이 닳았을 경우	바늘을 교체한다.
	② 바늘을 잘 못 끼운 경우	바늘의 방향을 확인 후 바르게 끼워준다.
	③ 바늘판 밑에 먼지나 잔실이 끼어있는 경우	바늘판을 열어 톱니를 청소 한다.
	④ 윗실 끼우는 순서가 틀림	바른 순서로 다시 끼운다.
	⑤ 옷감과 실과 바늘이 맞지 않는 경우	「옷감에 적합한 실과 바늘」표 참고
(4) 봉제선에 주름이 생긴다. (puckering, 퍼커링)	① 실조절을 강하게 한 경우	윗실과 밑실의 세기를 풀어준다.(장력조절)
	② 옷감의 두께에 비해 땀수길이가 긴 경우	땀수의 길이를 줄여준다.
	③ 옷감에 비해 누름대의 압력이 강한 경우.	압력조절기를 왼쪽으로 돌려 세기를 조절한다.
	④ 톱니의 높이가 높은 경우	톱니 높이를 낮춰준다.
	⑤ 밑실이 고르게 감기지 않은 경우	다시 밑실을 고르게 감아준다.

문제현상	원 인	해결방법
(5) 옷감이 뒤로 나가지 못한다.	① 톱니가 내려간 경우	드롭피드 장치를 오른쪽으로 돌려 높이를 조금 올려준다.
	② 노루발 압력 조절나사가 위로 올라와 있는 경우	조절나사를 오른쪽으로 돌려 조금 조여준다.
	③ 땀수 조절기의 다이얼이 "0"일때	원단 두께에 맞는 땀수로 조절해 준다.
(6) 바늘이 부러진다.	① 바늘이 휘었거나 바늘 끝이 닳았을 경우	바늘을 교체한다.
	② 가는 바늘로 두꺼운 옷감을 봉제하는 경	옷감 두께에 맞는 바늘로 교체한다.
	③ 바늘이 바늘판에 있는 바늘 구멍의 중심을 지나지 않는 경우	바늘이 휘었거나, 잘 못끼운경우이니 교체하거나 다시 끼워준다.
	④ 북집이 잘못 끼워진 경우	북집을 꺼내 다시 올바르게 끼워준다.

참고문헌

- 허인아. (2019) NCS학습모듈 여성복 샘플패턴 제작. 교육부.
- 한국인 인체치수조사. https://sizekorea.kr/
- 남윤자, 박선미. (2015) 의복구성원리. 한국방송통신대학교출판문화원.
- 최혜선, 이정임. (2012) 의복구성의 실제. 한국방송통신대학교출판문화원.
- 패션스타트. https://www.fashionstart.net/goods/goods_list.php?cateCd=011
- 김구영. (2017) 패턴설계 가이드2018. 의상디자인직종협의회.
- 이주삼,안영례. (2015) 새로운 양장기능사. 노라노출판.
- 나미향,허동진, 정복희, 이정순, 김정숙 공저.(2018) 산업패턴설계 여성복1. 교학연구사.
- 기능경기대회 의상디자인 직종 설명서 P.68-69.
- [네이버 지식백과] 포플린 외 [poplin] (패션전문자료사전)
- 조길수, 정혜원, 송경헌, 권영아, 유신정. (2002) 새로운 피복재료학. 동서문화원.
- 임원자. (2003) 의복구성학. ㈜교문사.
- 김경애. (2013) 패턴메이킹 & 의복제작. 예문사.